Antiguide de sexualité

L'équipe :
Yasmine Bonhomme, Mireille Boissel, Bernard Degril, Pascale Deleval, Nathalie Froger, Marie-Noël Garnier.

Illustration de couverture :
d'après une photographie d'Agnès Propeck / Agence VU'

ISBN : 978 2 7495 3029 1

Dr Sylvain Mimoun

Avec la collaboration de
Bernadette Prades

Antiguide de sexualité

Éditions Bréal

SOMM

AIRE

Joanna Tarlet-Gauteur,
Dans mon bain, 2009.

PRÉLIMINAIRES

À la différence de la sexualité animale, stéréotypée et mue par le seul instinct de reproduction et de conservation de l'espèce – exceptés les grands singes, proches génétiquement de nous – la sexualité humaine est riche, et les pratiques variables selon les époques. Elles relèvent à tel point du contexte social qu'il est à peu près certain que cet ouvrage, s'il avait été écrit il y a dix ans, n'aurait pas été le même, et ne le serait pas non plus dans une décennie, tant les évolutions en ce domaine s'accélèrent. D'un pays à l'autre, elles divergent encore, et jamais l'adage du philosophe Pascal « vérité en deçà des Pyrénées, erreur au-delà » n'a été aussi adapté à la sexualité. En revanche, perdure sous toutes les latitudes la volonté de la société et de la religion, souvent s'épaulant l'une l'autre, d'encadrer les relations sexuelles. Comme s'il fallait se méfier de la grande liberté que donne la jouissance amoureuse. Toutefois, malgré le souhait plus ou moins affirmé de leurs dirigeants spirituels et politiques de canaliser leurs passions, les humains se sont toujours débrouillés pour contourner les interdits, faisant fi des punitions parfois très brutales, notamment en cas d'adultère, réprimé de façon unanime par toutes les religions et encore passible de mort dans certains pays du monde, au moins pour les femmes. C'est que la sexualité ne se laisse pas facilement enfermer…

De l'art d'aimer aux mille et une nuits

« Quelles postures préférer lors des ébats amoureux ? D'après votre physique, choisissez telle ou telle attitude : la même posture ne convient pas à toutes. Vous avez un joli visage ? Étendez-vous sur le dos. Des rides ? Sur le ventre. Vous êtes petite ? Prenez la position du cavalier. Vous voulez faire admirer une silhouette irréprochable ? Présentez-vous à genoux, la tête un peu cambrée en arrière. »[1] À quand remonte ce texte, digne des conseils que l'on trouve aujourd'hui sur les forums féminins, pour peu que l'on fasse abstraction du style ? Il a été écrit en 43 avant J.-C. par Ovide dans son traité de *L'Art d'aimer*… De toutes les époques antérieures, l'Antiquité semble avoir été une des plus libres, en témoignent les textes et les peintures. L'homosexualité, loin d'être condamnée, est même chaleureusement recommandée, comme le rappelle le sexologue Yves Ferroul. Les relations entre personnes du même sexe y sont seules susceptibles de donner un plaisir charnel et il faut même se méfier de l'hétérosexualité, si l'on en croit Platon : « Les hommes qui sont attirés par les femmes comme les femmes qui sont attirées par des hommes ont l'âme plus faible et fournissent la plupart des adultères. » Notons que l'homosexualité masculine et féminine est ici reconnue à égalité. Plutarque n'attend pas lui non plus que ce soit sa femme qui lui donne du plaisir : « Si j'ai envie d'avoir un rapport, je ne vais pas aller déranger ma femme au gynécée pour une chose aussi futile. » Les femmes sont faites pour donner des enfants, point d'amour dans cette affaire, et cela va durer encore pendant des siècles. En Orient, *Les Mille et Une Nuits*, ces contes persans rédigés au VIIIe et IXe siècle, sont bien loin de la version édulcorée d'Aladin et sa lampe merveilleuse revue par Walt Disney : ils retracent une succession de scènes d'orgie, où le harem est décrit comme un vaste lupanar à l'ombre duquel femmes et esclaves passent leur temps au lit. Faut-il s'en étonner ? Ce ne sont pas quelques inoffensives bluettes qui auraient permis à Shéhérazade de repousser sa mise à mort, les contes érotiques ayant nettement plus de chance de tenir le sultan en haleine… et les lecteurs de l'époque aussi !

1. Cité par Denyse Beaulieu, dans *Sexgameboy*, éditions Assouline, 2006.

Obscur, le Moyen Âge ?

Nous avons l'impression d'avoir inventé la sexualité libérée, mais c'est faire preuve d'un curieux ethnocentrisme. Certes, en Occident, notamment à partir du Ve siècle, saint Augustin dénonce le pêché de chair et prône l'abstinence en dehors du coït reproducteur. La fornication désigne tous les comportements sexuels illicites – sodomie, levrette, masturbation… – y compris à l'intérieur du mariage. La concupiscence, nom donné au désir sexuel, est également réprimée : même penser à faire l'amour devient un péché. Mais si la religion cherche à imposer sa morale, la sexualité, elle, continue à rester assez libre, quelle que soit la classe sociale concernée. Elle ne relève pas encore du domaine de l'intime puisqu'il n'y a pas de chambre conjugale pour abriter les ébats : on couche donc, au vu et au su de toute la famille, dans le même grand lit. Dans les faits, une grande tolérance est de mise, les gestes et la parole sont souvent assez grossiers, comme en témoignent les petites pièces sur tréteaux montées dans les rues tout au long du Moyen Âge, montrant des scènes assez crues, sous les applaudissements d'un public hilare. L'Église a bien du mal à faire entendre ses règles et de cette difficulté vient probablement la mise en place du mariage chrétien au XIIIe siècle, monogame et indissoluble, délimitant ainsi le cadre de l'activité sexuelle légale. Cela suffit-il à enrayer les débordements ? Pas totalement, à en juger par les charivaris, ces tapages nocturnes où des jeunes gens venaient agiter clochettes et scander des bruits de casseroles sous les fenêtres du cocu : si cocu il y avait, il devait y avoir une femme volage… Ou encore la pratique de la jonchée, en Béarn et en pays Basque, qui consistait à relier les domiciles de deux époux infidèles par des brassées de feuilles et de fleurs posées sur le sol ! L'existence de la ceinture de chasteté, censée assurer la fidélité des femmes pendant que leurs chevaliers couraient les guerres saintes, a longtemps entretenu l'idée d'un Moyen Âge obscur, se méfiant du sexe. À moins que l'on ne se dise que ces dames n'avaient pas toute la vertu requise… Ou encore qu'elle n'ait servi qu'à limiter les grossesses, autorisant bien d'autres plaisirs, à commencer par la sodomie. Ou bien, tout simplement, comme commence à l'avancer un grand nombre de spécialistes, qu'elle n'ait pas existé à cette époque comme moyen de contention des débordements sexuels. Les modèles italiens au XIVe siècle, extrêmement raffinés, servaient-ils vraiment aux maris soupçonneux, ou à des jeux plus libertins que vertueux ? Des modèles exhibés au musée de Cluny à Paris ont été prudemment retirés : il s'agissait de faux, fabriqués au XIXe siècle[2].

Quand l'amour s'invite dans le couple

Pendant des siècles, les historiens nous le rappellent, les sentiments dans le mariage ont inspiré la méfiance, ne pouvant semer que trouble et confusion dans un contrat qui était avant tout affaire d'intérêt et de descendance. Au XIIe siècle, où les troubadours portent aux nues leur belle dame, cette dernière n'est jamais leur épouse avec laquelle ils ne partagent que les obligations. Le sage Montaigne, au XVIe siècle, ne dira rien d'autre dans ses *Essais* : « Un bon mariage s'il en existe, refuse la compagnie et les conditions de l'amour pour celles de l'amitié. » À partir du XVIIe siècle, avec, peut-être, les prémices du « mariage d'inclinaison » – qui ne se développera vraiment qu'au XVIIIe – l'amour commence à s'inviter dans le couple. Molière en fait le sujet de la plupart de ses pièces : une jeune fille refuse d'être mariée à un vieux barbon choisi par son père et ruse pour épouser le jeune homme qu'elle aime. À la même époque, l'Église tente de reprendre la main et le débat entre jansénistes et catholiques infiltre la société de morale religieuse, les premiers reprochant aux seconds d'avoir en leur sein de sombres débauchés. Tous rivalisent d'un zèle puritain qui montre bien qu'il y avait matière à s'inquiéter sur le plan des mœurs. Un siècle plus tard, personne encore ne s'offusque que le duc de Richelieu, petit-neveu du célèbre cardinal, partage sa maîtresse avec le roi Louis XV, comme le relate la philosophe et romancière Chantal Thomas dans son roman *Le Testament d'Olympe*. Le XVIIIe siècle sera libertin, comme en témoigne l'ambiance sensuelle d'*Amadeus*, le film de Milos Forman sur la vie de Mozart : on y fait l'amour sans complexe, qu'on soit en haut ou en bas de la pyramide sociale. C'est un événement politique majeur qui va sonner le glas de la récréation : la Révolution

2. *Ibid.*

française, et plus encore la période de la Terreur qui s'ensuit, dénonce avec virulence une certaine liberté sexuelle. Quand une société veut imposer un nouvel ordre, il est rare qu'elle soit permissive en ce domaine.

Le XIXe siècle, à demi puritain

Si le sexe se trouve de plus en plus encadré au fil des siècles, le XIXe siècle constitue une apogée dans le contrôle. Jamais période historique ne s'est montrée aussi puritaine, jamais la sexualité n'a été autant considérée comme sale et avilissante. La bourgeoisie reprend à son compte la morale chrétienne qui considère l'amour comme un péché, en dehors de la reproduction, et dicte les tabous qui empoisonnent encore la sexualité aujourd'hui. Le couple bourgeois constitue une caricature: si le père de famille peut s'encanailler discrètement à l'ombre des maisons closes, la femme – cette sainte femme... – n'a droit à aucun écart de conduite. Elle est la mère des enfants, garante de la stabilité familiale, et doit être « respectée », c'est-à-dire honorée dans le noir au cours d'un devoir conjugal sans fantaisie. La pudeur, l'absence de désir sont considérées comme des vertus féminines, au point que l'existence même d'un plaisir féminin a pu faire débat! Dans un tel contexte, il n'est pas étonnant que l'hystérie se soit propagée comme une traînée de poudre. L'appauvrissement, voire la destruction d'une grande partie du vocabulaire pour évoquer le sexe empêche de penser la sexualité. La médecine vient prêter main forte à la morale chrétienne, en dénonçant les méfaits sur la santé d'une sexualité débridée. Seule la parole de Freud, le père de la psychanalyse, s'élèvera au début du XXe siècle contre ce puritanisme ravageur et tentera de libérer la parole, mais ses travaux ne trouveront véritablement écho que des années plus tard. En son temps, il est surtout traité de pervers... Contrairement au Moyen Âge, où il n'est pas sûr qu'elle ait eu beaucoup d'utilité, c'est à cette époque que la ceinture de chasteté prend son essor, sous le contrôle médical, soucieux d'établir les codes d'une sexualité dite normale. Son but? protéger femmes et enfants des plaisirs de la masturbation, censés entraîner toutes sortes de maladie, voire une perte d'énergie, d'où le terme de « branleur » parvenu jusqu'à nous. Les hommes, eux, pour

L'Apollonide : souvenirs de la maison close, un film de Bertrand Bonello, 2011.

ceux qui peuvent se l'offrir, ont droit à leur part de plaisir, mais dans un lieu clos, le bordel. La série télévisée *Maison close* montre ce qu'elles abritaient comme adeptes du fétichisme, du voyeurisme, des jeux sadomasochistes, bref, nous n'avons rien inventé ! Pourquoi cette condamnation du sexuel lors de ce siècle et les débuts du suivant ? Rappelons que le XIXe marque le développement du capitalisme : faire l'amour est une dépense d'énergie qui n'est pas consacrée à la production. La société a besoin de bras pour faire tourner les usines, de chair à canons en période de guerre, et non d'hommes et de femmes en train de faire des galipettes ! Même le sport, accusé de disperser la force nécessaire au développement industriel, est interdit aux couches populaires… Toutefois, dans ce siècle qui se veut puritain, un grand écart se creuse entre discours et pratique, notamment dans les couches de la société les plus aisées, celles qui peuvent dégager un peu de temps et d'argent pour l'amour. Qui sait que la très collet monté reine Victoria, que l'on ne suppose pas *a priori* folle de sexe, tant elle nous est toujours représentée engoncée dans des robes noires et rigides, adorait faire l'amour ? Elle n'a pas mis au monde ses neuf enfants en fermant les yeux et en pensant à la couronne, loin de là ! C'est elle qui venait souvent toquer à la porte du prince pour des réconciliations sur l'oreiller, comme le relate Guillemette Mounier dans sa biographie inédite :

« On raconte qu'au début de leur mariage, après une dispute, Victoria tambourine à la porte d'Albert qui, excédé, s'est enfermé dans sa chambre :

– Qui est là ?

– La reine d'Angleterre !

La porte ne s'ouvre pas. Les coups se répétant, il pose de nouveau la question :

– Qui est là ?

– Votre femme, Albert !

Et les deux jeunes gens tombent dans les bras l'un de l'autre. »

À la fin de sa vie, elle eut très vraisemblablement un amant roturier et rustre, soulevant un énorme scandale à la cour, vite étouffé par la version officielle d'une reine à cheval sur des principes qu'elle ne suivait guère elle-même ! Que dire encore de *La Ronde* d'Arthur Schnitzler qui aborde ouvertement les relations sexuelles dans toutes les classes sociales, dans la Vienne du début du XIXe siècle ? L'auteur, qui s'est vu conspué par toute la société bien pensante de l'époque, confiera que cette pièce jette un éclairage singulier sur les mœurs de ce temps... Quant aux pièces de boulevard qui fleurissent au XXe siècle, elles mettent en scène le célèbre trio « mari cocu, amant dans le placard et femme volage », reflétant une part de la réalité des couples bourgeois. Si le XXe siècle a vu s'imposer le mariage d'amour, il faudra encore attendre plusieurs décennies pour que le plaisir sexuel s'invite sous la couette. Que l'entente soit bonne ou pas, le divorce reste mal vu et la crainte d'une grossesse paralyse les couples. L'invention de la pilule va permettre d'envisager sereinement la relation sexuelle sous l'angle du partage et du plaisir, deux mots longtemps incongrus jusque-là à l'intérieur du couple, nous allons y revenir.

La religion, une présence plus ou moins souterraine

Et les religions ? Elles pèsent encore de tout leur poids sur la sexualité, bien qu'on en retienne essentiellement les côtés les plus caricaturaux, notamment quand il ne s'agit pas de la sienne...

Que disent-elles ?

La religion juive

En dehors du courant orthodoxe, la religion juive accorde une vraie place au plaisir sexuel. Ce qui compte n'est pas la promesse d'un paradis en échange de la renonciation ici-bas, mais ce que l'on vit sur terre, ici et maintenant. Elle n'est pas pour autant sans interdits sexuels, loin de là. Ainsi, les juifs pratiquants, qui se réjouissent d'être les seuls à ne pas prôner l'abstinence, s'abstiennent quand même quinze jours par mois selon les lois de Niddah – c'est-à-dire le temps des règles de la femme et les sept jours suivants –, ce qui est loin d'être négligeable… Cela dit, il est certain que la religion juive ne condamne pas la sexualité et, fait plus remarquable, valorise le plaisir féminin. Une femme peut demander le divorce auprès du rabbin si son mari ne la touche pas. Comme toutes les autres religions monothéistes, la religion juive condamne l'adultère et surtout la masturbation à tout âge, tout gaspillage de sperme constituant une grande transgression de la Torah. La fellation et la sodomie ne sont pas formellement interdites. Contrairement à la religion chrétienne, il n'existe pas de séparation entre l'âme et le corps et la notion de péché ne touche pas l'activité sexuelle, en dehors des interdits posés. Certains font du zèle, se refusant à voir leur femme nue par exemple, mais aucun texte n'édicte une telle disposition.

L'islam

Si le grand tabou de la religion islamique est de mélanger le masculin et le féminin, les relations charnelles dans le cadre du mariage sont tout à fait encouragées. Cependant, dès qu'il y a émission de sperme pendant les rapports, le couple est tenu de faire des ablutions pour se purifier car, si le coït n'est pas considéré comme impur, tout ce qui sort du corps l'est. De même, les relations sexuelles sont interdites pendant les règles. Et dans la vraie vie ? Il n'est pas sûr que la jouissance ne soit pas au rendez-vous, malgré l'image répressive que nous en avons en Occident. De nombreuses sociétés orientales valorisent la sensualité, et les femmes peuvent demander la dissolution du mariage en cas d'abstinence prolongée. Il faut voir ou revoir le film *Halfaouine, l'enfant des terrasses* du cinéaste tunisien Férid Boughedir pour constater que la femme n'a pas la langue dans sa poche pour parler de sexe ! Rappelons encore que l'islam a

Achille Zo, *Le Rêve du croyant*, v. 1870.

cent mots pour désigner l'amour : les autres religions sont loin du compte…

La religion chrétienne

À l'inverse de la religion juive et musulmane, les interdits restent diffus, à l'exception de la virginité au mariage, que prônent également le judaïsme et surtout l'islam. Ce flou, cette absence d'évocation de la sexualité, donnent le sentiment que le sexe est un péché en soi, quelles que soient les périodes où il est pratiqué. En fait, c'est le corps dans sa totalité dont il faut se méfier.

En effet, la religion chrétienne, et notamment la religion catholique, n'a jamais vu le sexe sous un bon œil, en témoignent les positions de l'actuel pape Benoît XVI condamnant tous ébats en dehors du mariage ou d'une relation hétérosexuelle. La masturbation est interdite, au même titre que les moyens de contraception et le préservatif, même si le Pape vient, en termes sibyllins, d'assouplir ses positions sur ce dernier face aux ravages du sida. Ces prescriptions de l'Église sont-elles suivies ? Oui, dans certains pays d'Amérique du Sud ou d'Afrique, mais presque plus en Europe où la sexualité est considérée comme relevant de l'intime et où les interdits sexuels sont les moins bien acceptés. Est-ce à dire que la religion n'a plus d'influence ? C'est aller vite en besogne. Certes, aujourd'hui, elle est en déclin, notamment en Occident, mais elle est encore présente et n'a pas disparu avec la messe du dimanche. Gravée dans l'inconscient collectif, la morale chrétienne imprègne toujours les esprits de façon souterraine, que l'on soit croyant ou pas, comme nous allons le détailler plus loin – mère forcément asexuée, plaisir sexuel honteux... – expliquant bien des paradoxes de notre époque.

La femme, inquiétante, toujours inquiétante...

La femme a toujours été pénalisée sur le plan sexuel. Dans la Bible, c'est Ève qui a fait de la sexualité un péché, et de la condition humaine un fardeau, en tendant à Adam la fameuse pomme. La « tentatrice originelle » va rester diabolisée pendant des siècles. Pourquoi cette stigmatisation de la femme ? Selon l'anthropologue Françoise Héritier, elle vient de la capacité féminine à donner la vie, ce qui explique que les hommes aient toujours cherché à imposer leur domination. Sans compter que l'aptitude des femmes à avoir de multiples orgasmes en a effrayé – et en effraie encore – plus d'un. Parallèlement à cette disposition multi-orgasmique des femmes, leurs règles ont toujours été une source d'interrogation. D'où vient ce sang qui s'écoule chaque mois de leur corps ? Comme nous venons de le voir, presque toutes les religions ont interdit, et interdisent encore pour les courants les plus radicaux, les relations sexuelles pendant les règles, la femme étant considérée comme impure durant toute cette période. D'ailleurs, le mot « tabou » vient du polynésien *tapoua*, qui signifie « règles »[3]. Les fantasmes allaient bon train, jusqu'à la rousseur des cheveux de l'enfant attribuée à un coït pendant les règles, d'où peut-être la méfiance que les roux ont longtemps suscitée. Aujourd'hui encore, vous verrez rarement une représentation du sang des femmes dans la presse ou sur les écrans. Quant à la publicité

3. Hélène Jacquemin Le Vern, *Le Sang des femmes : tabous, symboles et féminité*, Inn Press, 2003.

pour les protections périodiques, elle représente le sang féminin avec un liquide bleu, au mépris de tout réalisme ! Aujourd'hui encore, aucune femme n'évoque ouvertement ses règles. Ajoutons enfin que le sexe féminin, n'étant pas visible comme celui de l'homme, a toujours suscité des craintes, dont l'existence d'un possible vagin denté est la plus effrayante. Même Freud, qui a pourtant contribué à libérer la parole sexuelle, parlait de la sexualité féminine comme d'un continent noir, énigmatique. De cette défiance millénaire, les femmes souffrent encore.

En route vers une sexualité joyeuse

Où en sommes-nous aujourd'hui ? La sexualité humaine n'a que peu d'éléments relevant de l'instinct. Elle nécessite donc un apprentissage et se fonde sur la recherche du plaisir des partenaires. Fait inédit jusqu'à il y a encore cinquante ans, la mésentente sexuelle est aujourd'hui devenue un motif de séparation du couple, alors que pendant des siècles, le plus souvent, ce sont l'infertilité ou l'impuissance qui mettaient un terme officiel au contrat. L'enjeu est donc important. Toutefois, pour que la sexualité puisse s'épanouir, elle doit être débarrassée de la morale qui l'encombre encore et toujours. Sous des apparences de société sans tabou, le « sexuellement correct » fait toujours des ravages, en témoignent les débats sur la pornographie qui, sous prétexte de protéger les mineurs, veulent imposer leur norme de pensée. Un exemple ? Les députés européens n'ont pas le droit d'aller dans des hôtels où ils peuvent avoir accès à des chaînes de films pornos : aucun politique n'oserait protester publiquement contre une telle mesure... Quand cesserons-nous enfin de considérer la sexualité comme une force vive dont il faut se méfier, qu'il faut impérativement endiguer ? Aujourd'hui, on peut légitimement se demander à quoi sert la répression, à qui profite le crime ? Le débat reste ouvert. Malgré les apparences, la liberté de jouir joyeusement entre adultes consentants est encore un combat à gagner. Ce livre souhaite y contribuer, en tordant le cou aux idées reçues, en poussant le lecteur à prendre le temps de réfléchir à ses vrais désirs. Nous avons remplacé les interdits d'antan par des injonctions à jouir, qui ne rendent pas, loin s'en faut, le sexe plus libre.

TOUS **LIBÉRÉS,** VRAIMENT ?

En quelques décennies, la sexualité est sortie de l'ombre pour envahir la presse, la télévision, Internet. La plupart des journaux ont désormais leur page « sexo », les émissions font la part belle aux sexologues, qu'elles gardent toujours en fin d'émission, pour être sûres que le téléspectateur ne zappera pas en cours de route puisque le « meilleur » est à venir... Quant à la Toile, elle regorge de sites d'informations, de forums de discussions accessibles désormais en un simple clic. Dans un tel contexte, devant cette masse d'informations, y a-t-il encore des nouveautés à découvrir sur le sujet ? Ne sait-on pas tout sur l'orgasme, les préliminaires, les fantaisies sexuelles ? Il semble bien pourtant que le sujet soit inépuisable, en témoignent l'explosion du nombre de consultation en sexologie et ce nouvel ouvrage. L'évolution de la société, l'apparition des nouvelles technologies, le poids de la presse et des sondages a fait naître de nouvelles interrogations, de nouvelles exigences. Ayant des problématiques liées à son histoire personnelle, chacun a des préoccupations différentes de celles de son voisin. Ajoutons enfin que la question fondamentale de la rencontre, elle, reste quasiment inchangée depuis la nuit des temps : rien de plus constant et de plus mystérieux, chez l'homme comme chez la femme, que les enjeux autour de l'amour et du désir...

En quelques décennies,
nous sommes passés
d'une sexualité **taboue**
à une **injonction** à jouir.
Une nouvelle contrainte qui
n'apporte pas que du **bonheur**
sous les couettes...

1

SOYEZ LIBRES, C'EST UN ORDRE !

Autres temps, autres normes

Il y a une trentaine d'années, il était inimaginable qu'un magazine grand public annonce en couverture un article sur le cunnilingus, la sodomie, ou encore les femmes fontaines, seule la presse pornographique, cachée derrière un pilier chez le marchand de journaux, employait ces termes. Aujourd'hui, non seulement titrer sur le sexe n'est plus tabou, mais serait même recommandé pour attirer la clientèle potentielle, qu'elle soit masculine, féminine ou adolescente. Pour comprendre cette rapide mutation, remontons aux années 1970, époque de la fameuse libération sexuelle, une période euphorique où homme et femme ont voulu faire sauter les carcans de la morale sur le slogan évocateur de « Jouissons sans entraves ! ». Alors que leurs parents n'imaginaient guère faire l'amour en dehors du mariage, les jeunes de l'après-68 ont jeté leurs sous-vêtements au feu et mis la morale bourgeoise au milieu. Les expérimentations sexuelles allaient bon train : l'amour à trois, les échanges de partenaires, la bisexualité... La pilule et l'avortement libre et gratuit offraient la possibilité de s'aimer sans risques, la menace du sida n'étant pas encore à l'ordre du jour, bref, le bonheur semblait à portée de main. Il est clair que cette période a marqué un tournant décisif dans l'histoire de la sexualité, notamment pour les femmes. En revendiquant leur droit au plaisir, elles ont bousculé la relation qui reposait en grande partie sur la satisfaction masculine, même si nous avons vu que ce constat reste à nuancer. C'est sans doute l'élément le plus décisif dans l'évolution du XXe siècle. Cela s'est-il traduit par une plus grande satisfaction ? Oui, car il est désormais impensable que les femmes se contentent de relations sexuelles insatisfaisantes. Quant aux hommes, ils y ont gagné des compagnes plus épanouies, partageant complicité et plaisir de faire l'amour. Les pratiques sexuelles se sont également diversifiées, pour le bonheur des deux sexes. Aujourd'hui, la fellation est devenue courante dans un couple, la sodomie s'est banalisée et ne passe plus pour une pratique réservée aux pervers. Cela dit, tous les problèmes n'ont pas été résolus pour autant, la libération ayant imposé d'autres normes...

La tyrannie de la performance

Nous voilà désormais sommés d'être libres… et performants. Or, cette dernière exigence empoisonne littéralement les ébats. Non seulement il faut ne pas avoir l'air coincé, accepter des pratiques qui parfois n'attirent guère, mais il faut être capable de faire jouir son ou sa partenaire, sous peine de se voir qualifié(e) de « mauvais coup », la pire des insultes. Aussi, la pression monte, et certaines femmes consultent désormais au motif qu'elles n'ont pas plusieurs orgasmes lors d'un rapport. Quant aux hommes, ils sont littéralement mortifiés s'ils sont victimes d'une panne d'érection, certains fuyant une seconde rencontre après une expérience décevante. Autrefois, quand quelqu'un ne faisait pas, ou mal, l'amour, il se sentait frustré, aujourd'hui il se sent totalement nul… Qui prône ces nouvelles exigences sexuelles ? Où est-il écrit qu'il faut jouir par tous les temps et dans toutes les positions ? Nulle part. Mais ces messages sont distillés par la presse, par le choix qu'elle fait de traiter majoritairement de pratiques sexuelles marginales comme s'il s'agissait de pratiques courantes. Dans les émissions de télévision, plus personne ne se choque d'entendre la question : « Et le fouet, l'avez-vous essayé, madame ? » à l'instar de cet animateur qui avait demandé à un ancien ministre le plus natu-

rellement du monde s'il aimait la fellation. Aux États-Unis, pays plus prude que nous, mais plus concret, il existe une émission très suivie où l'on apprend les différentes positions sexuelles en groupe en les mimant... Pour l'instant ! Pourquoi un tel succès ? La sexualité nous intrigue tous et savoir comment s'y prennent les autres dans le secret de leur chambre nous questionne depuis que nous nous demandions ce que faisaient nos parents à l'heure de la sieste. En grandissant, nous n'avons pas perdu cette curiosité, loin de là. Or, ce que cherche avant tout une chaîne de télévision, c'est faire de l'audience. En excitant notre pulsion voyeuriste, elle attire le public, et donc la publicité.

On ne compte plus les émissions sur l'échangisme, qui ne concerne pourtant que 1 % des couples. Comme par hasard, les journalistes restent muets sur les sondages qui ne vont pas dans le sens de leur article... ou bien l'exploitent différemment. Sous couvert de données scientifiques, quel message veut-on nous faire entendre ? Prenons l'infidélité : si un magazine titre « 20 % des femmes se disent prêtes à tromper leur mari », il peut enchaîner sur les accros au contrat de mariage qui se généralise. Mais un autre magazine, à partir du même sondage, mettra, lui, en valeur le fait que 80 % des femmes n'y sont pas prêtes, vantant alors les mérites de la fidélité. Certains phénomènes sont montés de toutes pièces, à l'instar des femmes cougars, ces femmes d'âge mûr qui ont des relations avec des hommes beaucoup plus jeunes qu'elles. Les artistes ont donné le ton, telles Madonna, Demi Moore ou encore Susan Sarandon qui, à soixante-trois ans, vient de quitter son jeune partenaire pour un autre de la moitié de son âge. Cela signifie-t-il qu'une majorité de femmes, passé cinquante ans, tombent amoureuses de jeunes hommes ? Non, évidemment, mais ces quelques exemples surmédiatisés deviennent un phénomène de société servant d'étalon de mesure aux autres. Le message qui se cache derrière ? Il est rassurant pour les femmes de cet âge de se dire que ni la cinquantaine ni même la soixantaine ne sonnent le glas de la séduction, et c'est une excellente nouvelle effectivement. N'ont-elles pas des relations avec des hommes de leur âge ? Si, mais il y a juste de quoi écrire une ligne. Pourtant, c'est cette évolution, moins spectaculaire, qui est la plus encourageante, comme le montre la dernière enquête sur la sexualité des Français de Michel Bozon et Nathalie Bajos : dans les années 1970, 51 % des femmes et 38 % des hommes mariés de cinquante ans et plus n'avaient pas eu de rapport sexuel au cours des douze derniers mois, ils ne sont plus désormais que 7,2 % des femmes et 2,3 % des hommes vivant en couple. Ajoutons, enfin, que les témoins qui s'expriment le plus souvent et le plus volontiers dans les médias sont souvent des habitants des grandes villes : qu'ils aient fréquenté une soirée « SM » ne dit pas que la France entière s'y adonne, loin de là. D'ailleurs, la lecture attentive des sondages montre que les comportements évoluent tranquillement, à condition de comparer les courbes sur une longue période pour prendre la température des changements, et non guetter un pic comme le taux de sucre dans le sang à un instant T !

De fâcheuses conséquences

Le problème de l'exploitation tronquée de ces chiffres, de la banalisation de pratiques restreintes est qu'elles influencent la sexualité de tous. Chacun reste persuadé que son voisin fonctionne mieux, qu'il est plus libéré que lui, et dès qu'il ne se sent pas au top, c'est le drame. L'inquiétude de ne pas être dans la norme n'a jamais été aussi grande. En l'absence d'une morale valable pour tous comme quelques décennies auparavant, non seulement chacun est tenu de se bricoler la sienne, mais le couple doit lui aussi naviguer pour trouver le bon tempo entre deux désirs, passant son temps à se jauger, à s'observer, à s'évaluer, parfois même à exercer une pression sur l'autre au gré de ce qu'il lit dans la presse. Le débat sur la pornographie illustre bien ce balancier. Il y a quelques années, les articles contre les films pornos allaient bon train. Les femmes, qui en principe les apprécient moins, brandissaient le magazine fièrement sous le nez de leur partenaire en les traitant de désaxés. Quand la tendance s'est inversée, le tour de monsieur est venu, lequel accusait madame d'être vraiment trop coincée... Cette pression de la norme au gré des médias est donc plus inhibitrice que stimulante, alors que le curseur devrait être positionné sur la satisfaction des partenaires. Plus fort encore : de nombreux hommes et femmes pensent qu'ils devraient franchir le Rubicon de la libération sexuelle, même quand ils sont contents de leur sexualité. Certains vont même jusqu'à consulter sous prétexte qu'ils pourraient aller encore mieux, motif quasiment inexistant il y a trente ans. Paradoxe incroyable de notre société : ces couples vont bien et se culpabilisent ! Ajoutons enfin que ces articles, ne pouvant en quelques minutes ou quelques lignes entrer dans la complexité d'une difficulté sexuelle, laissent souvent les participants à ces émissions de télévision ou les lecteurs sur leur faim. Pire, s'ils se contentent de suivre un conseil qui ne marche pas pour eux, ou pensent qu'il n'y a qu'une seule solution à leur problème, celle donnée par le sexologue expert, les voilà encore plus démunis qu'avant !

Malaise chez les jeunes et les moins jeunes

Les adolescents sont les premières victimes de cette idée de performance. Quand on débute sa vie sexuelle, il y a forcément des tâtonnements, des loupés. Dans le contexte actuel, ces expériences mitigées prennent l'allure de véritables catastrophes, au point que certains jeunes hommes – car ce sont eux qui en sont le plus victimes, les filles se sentant moins mises en accusation en cas de panne – se replient et ne veulent plus faire l'amour. Notre société prend le risque d'engendrer une génération puritaine, un retour de bâton sur lequel nous reviendrons dans le chapitre 3 (▶ p. 60). Les moins jeunes ne sont pas épargnés non plus, le discours sur la sexualité prônant de telles exigences qu'elle semble être le domaine réservé des corps jeunes, musclés, lisses… Le seul couple idéalisé est celui de vingt-cinq à quarante ans, amoureux fou, sexuellement au top de sa forme. Que se passe-t-il quand un homme ou une femme a dépassé cette limite ? Son ticket n'est-il plus valable ? Jamais la dictature de la minceur et de la jeunesse n'a été aussi forte et beaucoup cèdent à ses injonctions, en vain : aucun sport ne permettra à cinquante ans d'avoir le ventre plat de ses vingt ans, aucune chirurgie esthétique ne masquera l'âge des mains… Malheureusement, cette ambiance a des conséquences désastreuses sur la sexualité car, pour jouir sereinement, il faut pouvoir se laisser aller sans s'inquiéter démesurément de ses rides, de ses quelques kilos en trop. La sexualité ne connaît pas de limite d'âge et nous pouvons faire l'amour jusqu'au jour de notre

Photographie d'Emmanuel Pierrot, 2001.

mort, tant que nous ne cherchons pas à avoir la même sexualité qu'à vingt ans. Un patient de quatre-vingt-dix-neuf ans s'étonnait de rencontrer des difficultés alors que son copain de cent un ans n'en avait pas, lui… Les années qui passent n'enterrent pas l'amour physique, loin de là, même si la sexualité nécessite quelques aménagements que nous détaillerons plus loin.

Pudeur malmenée, individualisme forcené

Hier encore, parler de sa sexualité n'était pas envisageable en dehors de la chambre à coucher – et encore ! –, tout juste pouvait-on glisser une confidence feutrée à son (ou sa) meilleur(e) ami(e). Aujourd'hui, s'exprimer sur le sujet est devenu presque obligatoire. Or, cette absence de pudeur peut faire des ravages. Ainsi, lors d'une consultation, il arrive que l'un fasse état des difficultés de son partenaire, sans autre forme de procès. Que dire encore lorsqu'elles sont claironnées lors d'un dîner entre amis – le fait n'est pas si rare – ou encore devant des milliers de téléspectateurs lors d'une émission de témoignages ? Ce déballage de l'intimité devant des tiers est d'une violence inouïe, même devant un médecin sexologue, et ceux qui s'y adonnent ne se rendent pas toujours bien compte des conséquences futures sur leur couple.

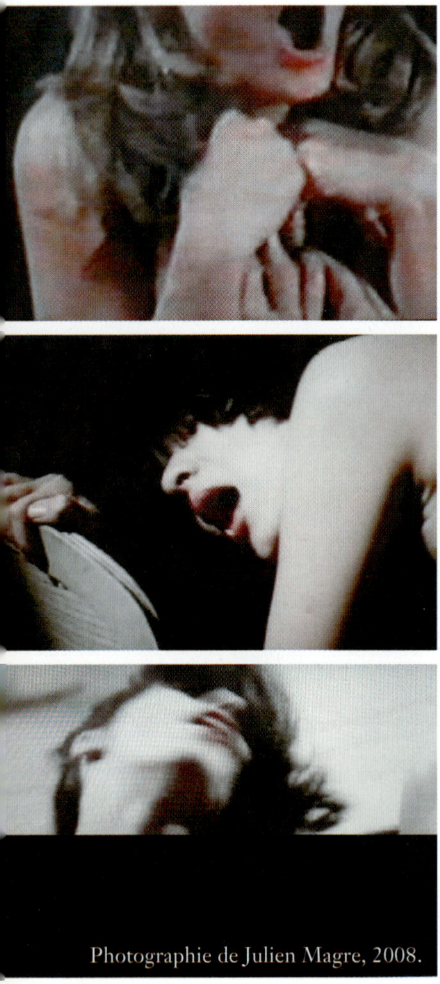

Photographie de Julien Magre, 2008.

Autre écueil pour une sexualité épanouie et apaisée, l'individualisme forcené de notre société. Certains affirment bien fonctionner et ne pas vouloir composer avec les difficultés de leur partenaire, ses blocages, ses hésitations. La loi du chacun pour soi règne sous la couette et elle n'est pas propice aux échanges satisfaisants. Cet excès de concentration sur son plaisir individuel nie la présence de l'autre. Chacun recherche sa seule jouissance, un comportement qui flirte avec la perversion, encouragée par le discours publicitaire.

La dérive perverse de la publicité

Il n'y a pas que la presse qui dicte sa norme, la publicité nous influence aussi, bien à notre insu cette fois. Les publicitaires qui la fabriquent connaissent bien nos ressorts inconscients et jouent sur ce qui nous excite, et non ce qui nous répugne, ce qui est compréhensible puisqu'ils veulent nous vendre un produit. Nous l'avons vu plus haut, le sexuel est bon en termes d'audimat, mais là où autrefois le spot se contentait d'exhiber une belle paire de jambes pour faire acheter une voiture, il est monté d'un cran. Il est banal aujourd'hui de voir des publicités mimant la fellation, ressort essentiel pour nous faire consommer des glaces ou autres barres chocolatées. Jusque-là, pas de quoi s'offusquer. Mais que penser des mises en scène de violences, de séquestrations, où l'on voit des femmes aux habits déchirés, suggérant une scène de viol ? Or, si s'imaginer violée est un fantasme féminin, dédouanant la femme de sa culpabilité à céder à son désir, dans la réalité elle n'en a bien sûr aucune envie ! En revanche, celui qui est tenté par l'idée de faire du mal ou de violer peut se sentir légitimé à passer à l'acte. Plus largement, en banalisant ce type de comportements, la publicité délivre des messages subliminaux associant acte sexuel et acte de consommation. De là à suggérer qu'on peut utiliser l'autre comme un produit, il n'y a qu'un pas. La perversion ne consiste-t-elle pas justement à se servir d'un autre humain comme d'un objet de sa jouissance ?

Les messages dont nous sommes bombardés façonnent notre imaginaire et nous donnent des injonctions que nous ne maîtrisons pas toujours, alors que nous devrions être capable d'établir nos propres lois, de savoir jusqu'où nous voulons, ou ne voulons pas, aller. Ces discours publicitaires jouent également sur l'impatience, le « tout, tout de suite ou je fais un malheur » n'engageant pas à adopter un comportement mature et respectueux de l'autre. Sans compter certaines éducations qui n'enseignent aucune frustration et font le lit des dérives perverses. En effet, pour se construire, il faut accepter de la dépasser. C'est ce qui permet de prendre en compte le désir de l'autre, de le considérer comme un sujet et non comme un objet.

Fantaisie ou perversion ?

Entendons-nous bien : il ne s'agit pas de s'offusquer ni de se draper dans une pudibonderie de mauvais aloi. La sexualité s'est enrichie, les fantaisies sexuelles se multiplient, pour le bonheur de tous. Chaque adulte a le droit d'explorer sa sexualité comme il en a envie, d'essayer des variantes pour pimenter ses nuits, à partir du moment où les deux partenaires sont consentants. Le bât blesse quand l'un des partenaires est utilisé pour assouvir les fantasmes de l'autre.

Comment délimiter la frontière ? Pour Freud, nous sommes tous des pervers en sommeil. Enfant, nous explorons l'ensemble des pulsions – voyeurisme, sadisme, masochisme, fétichisme, d'où le terme de pervers polymorphe utilisé par le psychanalyste. Mais en grandissant, si ces pulsions sont présentes, elles ne font que nous procurer une jouissance fantasmatique, sans passage à l'acte obligatoire et, surtout, elles sont présentes à tour de rôle, selon les moments. Tandis que nous oscillons d'une pulsion à l'autre, le pervers, lui, reste fixé à un stade de développement, enfermé dans une seule. Ainsi, il est bien différent de s'amuser une fois de temps en temps à voir sa partenaire déguisée en soubrette et exiger d'elle qu'elle le fasse chaque soir, sans quoi la jouissance est impossible. Le problème du pervers est qu'il ne peut changer de scénario. Il ne partage pas son excitation avec les autres, seule sa jouissance personnelle prime. Actuellement, il existe de plus en plus de comportements qui flirtent avec la perversion, par la tendance à utiliser l'autre, car le vrai pervers heureusement est rare. Faire l'amour suppose toujours d'en rabattre un peu sur une partie de nos pulsions pour se mettre au diapason de notre partenaire, mais, aujourd'hui, chacun a du mal à céder… ou à résister aux demandes de l'autre. Certaines personnalités, plus fragiles que d'autres, peuvent devenir facilement la proie des pervers. Il s'agit souvent d'une personne peu respectée dans son enfance, ou victime d'abus. Ayant été traitée comme un objet au moment de sa construction psychique, elle est incapable d'identifier son propre désir. Le pervers aussi a pu être un enfant abusé. Par fidélité inconsciente, il chosifie l'autre, comme il a été lui même chosifié. Une fois de plus, il ne s'agit pas de prôner la position du missionnaire dans le noir. Prenons le jeu sado-maso: tant qu'il s'agit d'un jeu de rôle qui s'arrête dès que l'un des partenaires dit stop, nous sommes une fois de plus dans un jeu entre adultes consentants. La règle est fixée au départ et aucun des deux n'essaie de franchir la ligne jaune. La femme qui aime être attachée est active dans sa jouissance, et l'homme profite de son excitation, non de sa domination. Chaque couple a le droit de choisir son mode de jouissance quand les deux y trouvent satisfaction, selon un terrain d'entente entre leurs deux attentes, leurs deux désirs. La société, en devenant officiellement permissive, banalise des comportements autrefois qualifiés de pervers. La vraie question reste la position du curseur. Pendant des siècles, l'homosexualité a été regardée comme une déviance, et elle constituait un délit en France, jusqu'en... 1982. Sait-on qu'au temps des Grecs, la pédophilie, crime parmi les crimes sous nos cieux, était considérée comme une façon d'éduquer les garçons? Ce qui est permis et autorisé est dicté par la société, mais évolue en permanence, comme nous l'évoquions dans l'introduction.

La seule balise valable: écouter son ressenti!

La recherche de la performance, l'inquiétude de savoir si nous sommes ou pas un « bon coup » – au passage, quelle vilaine expression – nous fait perdre de vue la seule question valable en sexualité: qu'est-ce que j'y trouve? Est-ce que cela me satisfait? Comment suis-je au fond de moi quand je tente telle ou telle pratique? En se calquant sur un comportement au détriment de son ressenti personnel, ces questions essentielles ne sont plus posées. Notre époque préfère l'action à la réflexion, d'où de nombreuses expériences qui s'apparentent plus à des sauts à l'élastique. Ce type de passage à l'acte peu élaboré est fréquent à l'adolescence, mais, en grandissant, nous devrions être capables d'envisager les conséquences à court et moyen termes de nos actes.

Le problème de la performance est qu'elle conduit à l'escalade: la sodomie, l'amour à trois, quatre, et après? Il arrive que l'expérience soit peu satisfaisante, en tout cas moins que le couple ne l'espérait, chacun restant alors sur un échec, ruminant, accusant son partenaire. Les voilà confrontés à l'incapacité de mettre en place cette libération dont les médias leur vantent les mérites et ils finissent par se remettre en question pour un faux problème. Dans le domaine de la sexualité, l'important n'est pas ce que l'autre va penser de moi, mais comment je m'adapte à lui pour jouir le mieux possible ensemble, dans le respect des limites de chacun. Dans ces cas-là, le couple se moque totalement des résultats d'enquêtes et du dernier article sur l'amour à trois ! L'objectif n'est pas de repousser sans cesse les limites. Néanmoins, gardons-nous de jeter la pierre sur tous les articles et émissions abordant la sexualité. Ils répondent en partie aux interrogations des hommes et des femmes, aident à dédramatiser les soucis auxquels chacun peut se heurter un jour. Ils encouragent ceux qui rencontrent de réelles difficultés à consulter. Par la médiatisation, les sexologues font désormais partie des praticiens chez qui l'on peut se rendre sans raser les murs. Même les sondages peuvent favoriser de nouvelles pratiques. C'est le cas des articles qui banalisent la pratique de la masturbation avec ou sans *sex toys* : beaucoup de femmes se sont senties autorisées à l'essayer sans honte, fortifiées de savoir qu'elles n'étaient pas les seules. De nombreuses idées fausses circulent encore et toujours sur la sexualité, et nous nous employons à leur tordre le cou dans la troisième partie de cet ouvrage, preuve qu'il y a toujours à apprendre sur le sujet. Dans le domaine de la sexualité, il est fondamental d'avancer au rythme de son éducation, de ses faiblesses, de ses forces, de ses réticences. S'il n'y avait qu'une seule règle valable, ce serait celle-ci : respecter sa progression personnelle, sans contrainte, ne se fier qu'à son ressenti. Le sexologue n'est pas là pour promouvoir telle ou telle pratique, mais pour dédramatiser la sexualité, la rendre joyeuse, génératrice de complicité. Le but ? que le couple, même d'un soir, soit bien ensemble, libéré ou pas, quelles que soient les pratiques adoptées.

GHISLAINE PARIS
(Médecin et sexologue)

De la névrose à la perversion

Pour mieux comprendre les difficultés auxquelles se heurtent désormais les couples, il nous faut revenir en arrière, aux temps où la société répressive imposait un cadre à la sexualité auquel les individus obéissaient ou qu'ils transgressaient. Chacun était soumis à un conflit psychique interne entre le désir d'assouvir sa pulsion, qui le poussait à aller vers la satisfaction de son désir, et son Surmoi, cette instance représentant la loi et la morale sociale, qui le rappelait à l'ordre. Ce cruel dilemme produisait névroses et symptômes, comme l'a si bien mis en évidence le psychanalyste Sigmund Freud au début du XXe siècle. Le tableau le plus classique ? L'hystérique décrite par le professeur Charcot. Chez cette femme, l'énergie libidinale refoulée tentait de se frayer un chemin et s'extériorisait de manière inadéquate dans des zones corporelles non sexuées, entraînant paralysies et crises de nerfs tandis que le sexe restait froid. Et aujourd'hui où la pulsion sexuelle peut – et parfois même doit – s'exprimer, que se passe-t-il ? La jouissance est centrée sur la personne elle-même qui se demande constamment : « Est-ce que je vais jouir suffisamment ? » Cette nouvelle donne comporte un piège au moins aussi ennuyeux que la morale répressive du temps de Freud : au XXIe siècle, ce n'est plus la répression qui est à craindre, mais le culte de la jouissance.

Notre société valorise le paraître, la jeunesse, le but ultime de chaque homme et femme semblant résider dans le fait d'être désiré et désirable. Ce moi dilaté, objet de toutes les attentions, entraîne son cortège de problèmes, tant la recherche narcissique contient le risque de la blessure narcissique… Les vagues de dépressions auxquelles on assiste aujourd'hui illustrent la déception chez un grand nombre de nos contemporains de ne pas correspondre à cette image de perfection physique véhiculée par les médias. Quand on ne se trouve pas assez beau, pas assez désirable, on tombe facilement dans l'abattement, la tristesse. À la différence des névroses d'antan, la culpabilité n'est pas morale mais issue du sentiment de ne pas être à la hauteur. Seuls les héros d'aujourd'hui, acteurs, chanteurs, joueurs de football, parce qu'ils correspondent aux canons dictés par la publicité et relayés par les médias, auraient-ils le droit à la jouissance ?

Cette attention démesurée portée au physique, alliée à la recherche de sa propre satisfaction, comporte le risque d'une dérive névrotique vers la perversion, cette dernière se caractérisant par la recherche d'un plaisir où le corps n'est plus le médiateur entre soi et l'autre, mais le centre, seul lieu de jouissance, l'autre n'existant pas. Voilà la nouvelle impasse dans laquelle il ne faut pas s'engouffrer, car un couple qui fonctionne sur le modèle pervers est voué à l'échec. Pire encore, la haine et la violence sont au rendez-vous si la satisfaction n'est pas là.

Ghislaine Paris, *Faites l'amour pour éviter la guerre*, Albin Michel, 2010.

SOPHIE BRAMLY

(Photographe, créatrice du site secondsexe.com)

Je veux avoir des orgasmes, comme mes copines

L'avantage de notre société ultra-compétitive, c'est l'offre qu'elle nous propose. Notamment en matière de jouissance. Que ce soient des articles dans les journaux, des conseils de blogueurs sur Internet, des manuels de toutes sortes, des techniques tantriques de respiration, des exercices dits de « Kegel » ou des sexologues, nous n'avons que l'embarras du choix. Pourtant, nous sommes souvent aveuglées par des besoins que nous pensons avoir et qui n'en sont pas réellement. Bien que nous ayons toutes un jour ou l'autre dans notre vie testé notre capacité à contracter le périnée ou lu d'un œil plus ou moins attentif les recommandations des journaux, imaginez-vous sérieusement qu'en lisant des manuels et en suivant scrupuleusement les exercices recommandés, vous connaîtrez subitement l'orgasme ? [...] Posez-vous quelques questions pour échapper à la répétition de ce dialogue raconté par le sexologue Laurent Bouchereau dans *Marianne* (mars 2007) avec des patientes se plaignant régulièrement de ne pas avoir d'orgasmes.

« J'ai demandé à l'une d'entre elles comment se passaient les rapports avec son ami. Elle m'a répondu : “C'est formidable, lui et moi, on s'entend super bien.
– Et au lit, comment ça se passe ?
– Formidable, je n'ai jamais rencontré quelqu'un d'aussi tendre.
– Mais alors, quel est le problème ?
– Je veux moi aussi avoir des orgasmes, comme mes copines.
– Est-ce que cela vous arrive de ressentir comme une petite contraction dans le bas du ventre, qui se reproduit plusieurs fois, comme des petites décharges électriques, mais agréables ?
– Oui, oui, souvent.
– Donc, vous avez des orgasmes.
– Quoi, c'est ça ? Mais ça ne m'a jamais fait crier !” »

La manifestation du plaisir est elle aussi sous la dictature du « spectacle ». À force de guetter la bête fauve qui serait censée rugir en nous *post coïtum*, nous laissons filer le train de la volupté.

Sophie Bramly, *L'Orgasme, on s'en fout*, Fetjaine, 2009.

BLANCHE DE RICHEMONT
(Écrivain français)

La pudeur est l'élégance du cœur

L'énigme fait battre le cœur du désir. Il se nourrit de sa propre incertitude. Ne pas savoir où l'on va et rêver à ce que l'on vise ouvre à l'intrigue de l'être. Suivre un désir, c'est consentir à l'inconnu. Si nous sommes sûrs de pouvoir le réaliser, il est seulement une action qui se déroule vers un but. Son incertitude devient la condition de sa puissance. On croit résoudre son énigme et elle s'approfondit. Ce mouvement même est embrasement.

La promesse d'un dévoilement attise le feu car elle suppose un mystère à percer. Le désir prend son temps. On n'arrache pas le voile, on le fait glisser peu à peu. Nous avons tort de vouloir aller trop vite, de tout révéler, de tout montrer, expliquer. La pudeur est l'élégance du cœur. Tout ce qui touche à l'intime doit garder cette prudence qui intimide et attire. Laisser l'amour rêver encore. Seul ce qui nous interroge nous fascine. S'il n'y a plus d'énigme, la chair se désacralise. Elle est juste un corps que l'esprit déserte. [...] La vérité du désir est dans une indicible émotion. Il n'y a pas de poésie dans ces corps qui se découvrent. Pas de grâce orientale dans ces approches scientifiques du corps. Seulement du professionnalisme, une impatience à jouir comme un dû. C'est la crainte d'être ému qui nous pousse à cette précipitation. Une façon de se préserver dans l'impudeur. Comme si nous voulions tout donner, tout de suite, de peur de nous laisser bouleverser.

Blanche de Richemont, *Éloge du désir*,
Presses de la Renaissance, 2007.

CATHERINE BLANC
(Psychanalyste)

Mais qui parle du désir ?

Alors que la sexualité est admise, reconnue et déculpabilisée, il semble aujourd'hui que le seul objectif à atteindre soit celui de l'exhibition et de la jouissance. À grand renfort d'émissions de télévisions, d'ouvrages plus ou moins sulfureux, les organes sexuels, le point G, l'érection, la pénétration, les comportements sexuels les plus variés, sont analysés, détaillés, expliqués, comme autant de rouages d'un mécanisme dont l'unique fonction est la jouissance. […] On donne des cours d'éducation sexuelle. Très bien. Quoiqu'on puisse s'interroger sur leur contenu et la légitimité (sinon les motivations) de ceux qui les donnent, il en faut. On parle de sexualité sur tous les tons, toutes les chaînes, toutes les ondes. Tant mieux. Mais qui parle du désir ? De ce désir qui, lorsqu'il vous prend (pour les femmes, dans le ventre), si fort qu'il en devient presqu'un besoin qui fait peur. De ce désir qui, lorsqu'il ne vous prend pas, inquiète. De ce désir qu'il faut néanmoins explorer, apprivoiser, parce que bien au-delà de sa dimension sexuelle, mais aussi à travers elle, c'est à l'épanouissement, donc à la liberté qu'il conduit. De ce désir, sans lequel les portes de la jouissance ne s'ouvriront jamais en grand. Qui dit combien cette exploration est délicate, patiente, incertaine ? Qui dit combien elle dépend de l'histoire de chacune et chacun, et non d'une quelconque recette ? Qui dit surtout qu'elle n'est, bien que portée par cet élan, ni dangereuse, ni révolutionnaire ? […] une chose néanmoins est sûre : de tous les désirs qui nous poussent à l'évolution – désir de manger, de parler, désir d'être propre, de marcher, désir de choisir ses vêtements, ses amis – le désir sexuel est celui qui, le plus sûrement, nous pousse hors de l'amour parental. Plus l'autonomie à laquelle il nous invite nous semble difficile, moins nous serons enclins à y répondre. Or, c'est bien là le principal obstacle. On ne s'autorise le désir et la jouissance que dans la mesure où l'on accepte de rompre avec les protections de l'enfance et de l'adolescence. Car désirer, c'est être actif. Et jouir, c'est accepter de l'être.

Catherine Blanc, *La Sexualité des femmes n'est pas celle des magazines*, La Martinière. 2004.

70 % du contenu des sites concerne le sexe, ou y est lié, dont **25 %** a un caractère pornographique[1] : Internet a bouleversé le paysage, les nouvelles technologies apportant leur lot d'interrogations et de pratiques nouvelles.

1. Sophie Bramly, *L'Orgasme, on s'en fout*, Fetjaine, 2009.

2

LE SEXE, À PORTÉE DE CLIC

Des rencontres de plus en plus ciblées

Il n'y a pas si longtemps encore, les rencontres entre hommes, et femmes, avaient lieu essentiellement dans les soirées, les bals, les boîtes de nuit, au travail ou chez des amis, pour une histoire d'une semaine ou d'une vie. Internet a changé la donne en offrant un nouvel espace, sans effacer pour autant les lieux traditionnels. Mais à l'inverse de celles qui se faisaient par le biais des agences matrimoniales et suscitaient toujours un peu de honte, les rencontres sur Internet se sont complètement banalisées. Ce sont les jeunes urbains, diplômés, branchés – population lançant toujours les nouvelles tendances – qui ont démocratisé la pratique. Internet n'est donc plus un moyen de nouer une relation par défaut, à tel point même que certains jugent la rencontre classique trop banale. La Toile accroît nettement leur excitation, leur donne le sentiment d'être à la pointe de la modernité, comme si la technique, au lieu de servir la rencontre, se substituait quasiment à elle. De plus, ils sont nombreux, hommes comme femmes, à préférer passer par la Toile parce qu'ils opèrent un véritable clivage dans leur vie: quand ils sont au travail, ou au café, ils ne sont pas sur le registre du sexe ou de l'amour, tandis que dès qu'ils se mettent sur l'ordinateur, ils se branchent automatiquement en mode « séduction ». Résultat de cette dichotomie? Nous avons tendance à nous mettre dans des cases de plus en plus étanches, de plus en plus étroites. Les sites de rencontres, toujours à la recherche d'un développement juteux, l'ont bien compris et proposent désormais des créneaux très spécialisés pour rester entre soi. Aussi peut-on voir prospérer des sites réservés aux musulmans, aux juifs, aux chrétiens, aux homosexuels, aux riches, aux « intellos ». L'un des derniers en date, qui se vante d'avoir 300 000 inscrits, s'adresse même aux personnes mariées, leur garantissant une rencontre exclusivement sexuelle. Ce site attire également de nombreux hommes célibataires, sûrs ainsi d'éviter toute demande en mariage…

Que dit la multiplication de ces sites spécialisés? Que nous vivons dans un monde qui essaie de baliser le terrain, même si de tout temps, comme le constatent les enquêtes sociologiques, les couples se forment à peu près toujours dans les mêmes milieux. Peut-être qu'Internet donne le vertige, et devant l'immensité de la Toile éprouvons-nous le besoin de resserrer les mailles du filet ? Ce qui est certain, c'est que l'on croit ainsi couper court à la surprise de la rencontre, ou plus exactement à la peur d'être désagréablement surpris… Or, même si les profils ont l'air d'être en tous points bien accordés, une relation, et *a fortiori* une relation sexuelle, n'offre jamais aucune garantie, il suffirait sinon de croiser des données pour former des couples harmonieux et durables ! Certains regrettent encore de ne pas finir au lit après quelques heures de *chat* et un verre offert au bar. Les discussions sur le Net se multiplient pour savoir qui paie quoi : l'homme ? la femme ? on partage ? Oui, mais si j'ai pris une orange pressée, et toi juste un déca ? Comble de cette mesquinerie : les rencontres au square se multiplient, pour éviter d'avoir à payer quoi que ce soit si l'affaire ne se conclut pas ! Les futurs amoureux commencent à se bécoter sur les bancs publics pour ne pas débourser un euro… Le sociologue Jean-Claude Kaufmann relate un bien triste arrangement[2]. Alors qu'un patron de bar s'étonnait du nombre de conquêtes féminines de Séductor22, « il a fini par lui proposer un deal : une consommation gratuite sur deux pour chaque "nana ramenée". Ce qui permet à Séductor22 de faire le galant en offrant de payer l'addition, alors qu'il ne paie en réalité que son propre verre ». Les femmes ne sont pas en reste, comme celle qui se vante de ne jamais payer : « Nous les femmes, nous avons des frais de représentation élevés : coiffeur, maquillage, fringues, colifichets… Ces messieurs, non. S'ils désirent sortir avec une femme jolie et élégante, ça se mérite ! »[3] Ces comportements, marqués par le sceau de la rentabilité, révèlent une vision tristement utilitariste des rapports humains. Dès le départ, les partenaires veulent savoir ce qu'ils vont recevoir sur le mode « j'y ai droit », comme le contrat de confiance d'un célèbre vendeur de télévision. De tels calculs coupent de la vie, de la générosité, de la relation tout simplement, où l'on donne d'abord sans savoir ce que l'on recevra en échange. La société est dans un principe de précaution permanent, y compris dans la relation amoureuse. Désespérant ? Heureusement, le charme l'emporte parfois sur les prévisions et les exigences

2. Jean-Claude Kaufmann, *Sex@mour*, Armand Colin, 2010.
3. *Ibid.*

de plus en plus précises, à l'instar de cette femme qui avait mis dans les siennes qu'elle ne souhaitait pas rencontrer de moustachus. Un homme, doté d'une imposante moustache, lui a pourtant donné rendez-vous dans un bar : ils ont discuté des heures sans qu'elle se rende compte une seule minute qu'il en avait une ! Les critères de sélection se sont bien sûr étendus à la sexualité, et il n'est pas rare que chacun décrive ses préférences en la matière : « rétive à la sodomie s'abstenir », « apprécie l'amour en groupe... » Ce qu'oublient apparemment ces exigeants du sexe ? Qu'il se fait à deux ! Ce qu'ils négligent encore ? Protégés par l'anonymat de la Toile, certains osent dans un premier temps les propos les plus débridés, se sentant les maîtres du monde, et se trouvent fort dépourvus au moment de la rencontre. La relation virtuelle qui précède la rencontre réelle crée parfois un fossé difficile à combler le jour J, expliquant qu'un grand nombre de rendez-vous ne soient pas honorés. Derrière son écran se tapit peut être un homme coincé, qui envoie des mails très *hots*, en rupture totale avec sa vraie personnalité. Quant à la femme qui s'était inventé un passé de libertine, la voilà bien rougissante à la moindre proposition un peu osée... Les malentendus se multiplient, et l'homme peut se montrer de plus en plus entreprenant, pensant être trop timoré par rapport à ce qu'elle lui avait annoncé.

Photographie d'Aldo Sperber, 2006.

Comment le rendez-vous peut-il se dérouler lesté de ces bagages virtuels bien encombrants ? Les masques tombent et tout est à reprendre au point de départ. Être allé trop vite sur le chemin du sexuel complique souvent la donne. Alors qu'autrefois le sexe était l'aboutissement d'une relation, il semble qu'aujourd'hui il la précède : sexe d'abord, sentiments si affinités ensuite. Cette situation met une pression peu compatible avec l'écoute de son ressenti, comme cette jeune femme ayant accepté de coucher avec un homme parce qu'il avait payé le champagne... Quelle nuit passe-t-on en ayant cédé à un tel critère ?

Chacun dans sa bulle

Même si de plus en plus de femmes cherchent du sexe sur Internet, et des hommes, l'âme sœur, les répartitions traditionnelles dominent encore le paysage. Les femmes espèrent majoritairement y trouver l'amour, et les hommes y faire des rencontres sexuelles. Les premières se racontent des films sur le prince charmant lequel, en restant virtuel, est bien plus excitant que l'homme qui se trouve dans leur lit ! Avec lui au moins pas de risque de déception, il reste le meilleur support de tous les fantasmes. Il est indéniable qu'Internet favorise ce penchant féminin à se raconter des films, sans toujours tenir compte de la réalité. L'homme, de son côté, imagine des scénarios torrides, majorant son excitation dans son coin et préférant, semble-t-il, la montée des escaliers à la rencontre. Ce qui le stimule est ce qu'il va faire, plus que ce qu'il fait. Résultat, chacun reste cantonné dans son imaginaire, ne cherchant pas à jeter un pont entre sa sensibilité et celle de l'autre, ni à faire les compromis nécessaires, ni à avancer en tâtonnant. Internet renforce l'isolement et l'incompréhension entre les sexes, même s'il n'est pas seul responsable. En effet, il y a toujours eu des personnes promptes à vivre leur relation sur le mode exclusivement fantasmatique, à imaginer l'autre plutôt qu'à le rencontrer vraiment, penchant qui n'a pas attendu le virtuel pour se déployer, mais celui-ci l'encourage fortement. Une fois encore, le risque serait de bâtir une histoire dans sa tête, en obligeant l'autre à entrer de force dans un costume taillé sur une mesure qui n'est pas la sienne.

Zapping amoureux

En offrant un catalogue d'amours et d'amants potentiels, accessibles sur un simple clic, le risque de zapping s'est accéléré. Sur Internet, les hommes ont trouvé un vivier de femmes qui ont envie de rencontres sexuelles, moins onéreuses et plus excitantes que des amours tarifées. L'inconvénient ? Qu'ils deviennent accros à la nouveauté, la seule chose qui les excite vraiment. Dès la deuxième rencontre, ils s'ennuient, ne vibrant que dans le renouvellement permanent. Aussi, de plus en plus d'amants papillonnent d'un lit à l'autre, sans arriver à se fixer dans une relation durable : l'envie d'aller voir ailleurs si l'herbe est plus verte est trop tentante. Le zapping pour trouver La bonne personne se met en marche, quête sans fin, car la perle rare n'existe que dans notre imaginaire. Toujours plus fort : même ceux qui sont satisfaits de leur relation ne peuvent pas s'empêcher d'aller voir si, par hasard, ils ne trouveraient pas encore mieux que ce qu'ils ont, course qui ne suscite que de la frustration. On pense à ces personnes qui consultent en permanence leur téléphone portable au lieu de jouir de l'instant présent avec la personne qu'ils ont en face d'eux. Ou qui zappent sans arrêt d'une chaîne à l'autre en soupirant qu'il n'y a rien d'intéressant à la télévision. Le moteur de ce zapping ? Le fantasme qu'il y a forcément mieux ailleurs. Mais cette illusion de manquer peut-être quelque chose n'apporte que de la déception, de l'insatisfaction, et pousse de nouveau vers le zapping, vers cette quête incessante d'un partenaire encore plus excitant, avec lequel il y aurait encore plus de jouissance…

La rencontre *via* Internet crée une véritable excitation en elle-même, voire une addiction, à l'exemple de cet homme rentrant d'un rendez-vous amoureux et se jetant sur son ordinateur sans avoir enlevé son manteau pour vérifier s'il a un nouveau message. Rencontrer une femme, faire l'amour, n'est plus très excitant et cliquer est devenu plus important que la réalité de l'acte sexuel. Parfois, certains ne savent même plus ce qu'ils cherchent, et, comme avec toute drogue, il leur faudra augmenter la dose pour éprouver encore un peu d'excitation. Les femmes, elles, deviennent accros à la discussion et passent parfois dix heures d'affilée dans un rêve, aussi coupées de la réalité que l'homme en train de fantasmer une orgie.

Un monde de brutes

La virtualité favorise des comportements peu soucieux de l'autre, la comparaison entre les amants y est fréquente, parfois même les notations sur les prestations sexuelles !

Que dire encore de cet homme qui a demandé à une femme de bien vouloir maigrir si elle voulait le revoir, lui reprochant ses quelques kilos en trop ? Ces attitudes grossières se sont banalisées puisqu'on choisit son partenaire comme un fromage au supermarché... Ajoutons enfin que si Internet a accéléré les rencontres, il a également rendu plus brutales les ruptures. Rompre une relation n'a jamais été une partie de plaisir. S'y mêlent la culpabilité, l'inquiétude de la réaction de celui ou celle que l'on a décidé de quitter, qui peut aller de la colère aux larmes. Envoyer un mail ou un texto évite tous ces désagréments, permet de fuir le conflit, les explications, l'émotion, bref, la réalité de la vie. Quelle violence d'apprendre que l'on est congédié(e) sans autre forme de procès, sans aucune discussion possible, que ce soit après une relation d'une nuit, ou plusieurs années, à l'instar de cette femme de quarante-cinq ans qui a reçu un lapidaire message, « je te quitte », après dix ans de vie commune. Ou cet homme qui se dit avec tristesse : « Je ne saurai jamais pourquoi elle m'a zappée ». Toutes les suppositions sont possibles et restent sans réponse, laissant un goût bien amer...

Sexe et pornographie

De tout temps, les jeunes comme les moins jeunes ont lu des revues pornographiques, visionné des cassettes. La nouveauté ? Désormais, les films pornographiques sont disponibles 24 heures sur 24, non seulement sur l'ordinateur, mais aussi sur le portable, entraînant une véritable addiction et un besoin d'escalade qui se traduit par des sites de plus en plus violents. Par ailleurs, ces pratiques édictent petit à petit une norme dans laquelle les femmes ont du mal à se reconnaître. Le risque ? Que les hommes demandent aux femmes de se conduire comme dans ces films, choquant leur compagne, eux-mêmes restant déçus et frustrés. Ou encore que la femme, pensant que les hommes fonctionnent tous de cette manière, se comporte comme dans un film porno, au grand dam de son partenaire. Si une femme se plie malgré tout à des désirs qui ne sont pas les siens, taisant ses propres envies pour garder un homme, dès qu'il sera accroché, il y aura de la revanche dans l'air ! Ne craignant plus de le perdre, elle le traitera d'obsédé sexuel, lui imposera à son tour des pratiques à l'opposé de ce qu'il aime, déclenchant inévitablement des problèmes entre eux. En amour, le rapport de forces conduit toujours à l'échec, alors qu'il faudrait avancer à tâtons, observer comment l'autre réagit à nos propositions, ajuster en permanence nos désirs à ceux de notre partenaire, seule façon de transformer agréablement l'essai. Mais le porno fait surtout des ravages chez les plus jeunes. Les sondages se succèdent, sous le regard horrifié des adultes : à onze ans, un adolescent sur deux aurait déjà vu un film à caractère pornographique. Certes, les adolescents ont toujours tenté de percer le mystère des alcôves, à la recherche d'un mode d'emploi avant d'aborder leur vie sexuelle. Toutefois, l'initiation par cette déferlante de pornographie soulève bien des interrogations. En effet, à l'heure où la rêverie sexuelle devrait prendre toute son ampleur, le porno vient court-circuiter leur évolution, qui passe d'abord par l'imaginaire, en leur imposant des images crues, bien loin de la vraie sexualité, banalisant des pratiques telles que la sodomie, l'échangisme, les jeux sadomasochistes, qui demandent du temps et une certaine maturité.

Le porno est souvent violent et il faut être bien stabilisé dans sa tête et dans son corps pour que cette violence n'ébranle pas la structure, ce qui est rarement le cas à cette période de la vie. Certaines expériences peuvent être dévastatrices, en témoigne celle d'un jeune homme de dix-sept ans ayant participé à une soirée où ses copains lui ont proposé de faire l'amour à plusieurs et qui, trois mois plus tard, a fait une véritable décompensation, répétant que les adultes le dégoûtaient, et la sexualité encore plus. Que dit cette histoire ? Qu'un jeune peut vivre ce type d'expérience comme normale sur le plan social – tout le monde en parle, tout le monde le fait – mais ne pas être du tout prêt à l'assumer : il a été véritablement « effracté » au sens psychique du terme. Le pédiatre Christian Spitz, alias Doc, qui a répondu pendant des années à des jeunes sur Fun Radio, reconnaît lui aussi que le porno constitue un véritable tsunami pour les adolescents quand ils y sont confrontés sans aucun discours pour les aider à prendre de la distance : certains s'étonnent alors qu'une jeune fille refuse la sodomie, d'autres de ne pas tenir une érection pendant une heure… Si le porno impose ses normes aux adultes, les adolescents, en quête de repères, manquent encore plus de recul et de discernement pour démêler fiction et réalité. Et quand ils ont effectivement une relation sexuelle, ils risquent d'en rester à un acte purement mécanique, coupés totalement de leurs émotions. C'est pourquoi il est important que les adultes fassent leur travail d'information auprès des jeunes en leur répétant que le sexuel n'est jamais obligatoire. Que même s'ils ne ressentent qu'une gêne diffuse, il faut arrêter là, prendre le risque de passer pour le « coincé » ou l'allumeuse de service. Un jeune pense toujours que ses copains sont plus libres et tous sont dans un vrai marché de dupes ! Il est très important de tenir un discours qui, sans être moralisateur sur la sexualité, nous y reviendrons plus loin, permette aux adolescents de se sentir suffisamment à l'aise dans leur tête et dans leur corps pour dire « non ». Et sans oublier de leur rappeler, bien évidemment, que le porno n'a rien à voir avec une relation sexuelle partagée…

Photographie de Stéphanie Lacombe, 2009.

L'addiction à la masturbation

Autre écueil encore de cette déferlante pornographique : la masturbation peut venir se substituer à la rencontre. Ainsi, il n'y a pas de risque de souffrir, pas de déception, pas de « prise de tête », comme disent certains ! Ce qui a toujours été vrai pour les adolescents, leur permettant de différer l'étape du rapport sexuel, l'est devenu pour les adultes. De nombreuses femmes se plaignent de voir leur compagnon préférer se masturber devant des sites pornos que faire l'amour avec elles, ou de les délaisser pour chouchouter un avatar sur Second Life. Solution de facilité : en un seul clic, ils accèdent à l'orgasme sans avoir à se préoccuper de la jouissance de l'autre, c'est simple, immédiat... et très addictif ! La masturbation sur Internet donne l'illusion d'être avec quelqu'un, mais une image n'est pas une personne réelle. Ajoutons encore que cette tendance à l'auto-érotisme exclusif est rendue possible grâce à la multiplication des jouets sexuels : une femme accro à son *sex toy* aura peut-être du mal à avoir du plaisir autrement et cela ne va pas l'aider à rencontrer quelqu'un. Les *sex toys* ont aujourd'hui des formes dont la variété laisse pantois : au classique canard s'ajoute les lapins avec des oreilles qui tournent... Aucun homme ne peut rivaliser avec ces stimulations artificielles. Sans compter que désormais, on peut les brancher sur secteur, ce qui démultiplie encore les vibrations par rapport aux piles.

Est-ce que la sexualité va devenir un plaisir exclusivement solitaire ? Ces hommes et ces femmes ne savent pas combien il est infiniment plus agréable de partager son plaisir avec un autre partenaire, qu'indépendamment de l'aspect mécanique du sexe, son côté détente, faire l'amour inclut le plaisir de la relation, l'affection, la séduction, tout ce qui fait la richesse de la sexualité.

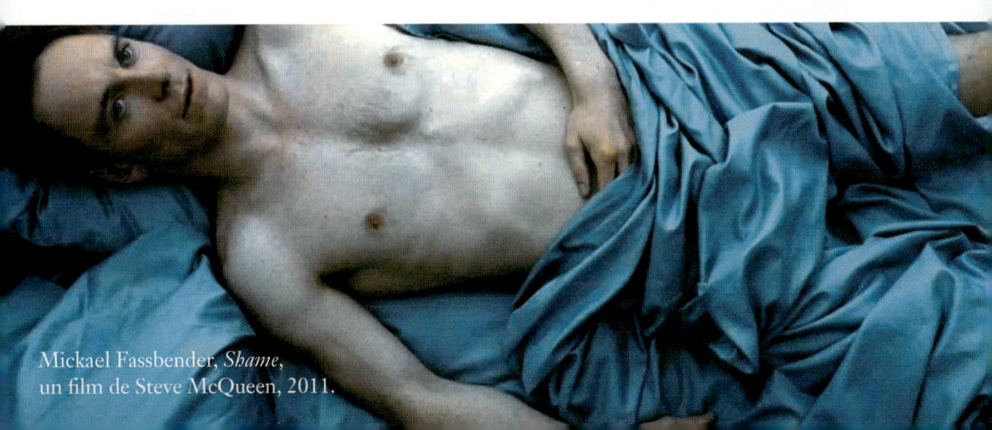

Mickael Fassbender, *Shame*,
un film de Steve McQueen, 2011.

L'intimité surexposée

Faire l'amour devant des milliers d'internautes, filmer les fellations… Autant de pratiques que permet Internet. Pour beaucoup, c'est un simple jeu, mais qui peut mal tourner et laisser des traces. Les personnes qui s'adonnent à cette exposition de leur intimité ne se rendent pas toujours compte des retombées. Elles filment ou se laissent filmer pour s'amuser, aventure qui vire parfois à la catastrophe : on se souvient des images de Laure Manaudou nue, mises sur la Toile par l'ancien compagnon de la championne de natation après leur rupture, et qui ont constitué un vrai viol psychique pour elle. Les plus jeunes sont une fois encore les plus menacés par ces dérives, car ils sont à un âge où ils ont tous envie d'être des héros, de tenir le premier rôle dans un film. Récemment, dans un lycée parisien huppé, une jeune fille a accepté de faire une fellation filmée et mise en ligne pour 200 euros. Ce que raconte cette histoire ? Il ne s'agit pas d'une question d'argent, nous sommes dans les beaux quartiers, c'est donc l'exhibition qui prime. Montrer aux autres est devenu plus important que ce que l'on vit vraiment. Mais où est passé le plaisir dans cette aventure ? Le ressenti est nié au profit du comportement et ce n'est pas parce qu'il n'y a pas de gêne qu'il y a plus de plaisir. Contrairement aux apparences, une telle pratique ne va pas dans le sens d'une plus grande liberté, sans compter le risque de traumatisme après coup, souvent sous-évalué à cet âge. Les adolescents vivent dans l'instant, demain est un autre jour, mais Internet, lui, garde tout en mémoire. Que se passera-t-il d'ici quelques années quand cette image circulera alors qu'elle sera en train de bâtir une relation amoureuse qu'elle espère durable ? Espérons que son compagnon aura les idées larges ou qu'elle sera suffisamment libre pour assumer une erreur de jeunesse…

Chez les jeunes comme chez les moins jeunes, on constate qu'il n'y a aucune réflexion, aucun recul : être vu à la télé ou sur le Net semble plus important que tout. Pourtant, il est fondamental d'avoir une intimité avec soi-même, de prendre le temps de s'interroger sur ce que l'on veut ou pas, en refusant de céder aux diktats de l'image. Comment va-t-on me percevoir, me juger ? Toutes ces questions sont évacuées au motif qu'il s'agit d'un jeu qui prime sur tout, sans réaliser que brader son intimité peut exposer à terme à la dépression.

Être conscients des écueils pour les éviter

Faut-il alors jeter notre ordinateur et notre portable aux orties ? Non, bien sûr. Il ne s'agit pas de diaboliser Internet. Il permet aux plus timides d'avancer progressivement dans la découverte, même partielle, de l'autre. Il autorise certaines femmes ayant déserté la recherche de partenaires depuis leur divorce à renouer avec la séduction et reprendre confiance en elles, cachées derrières l'écran dans un premier temps. On peut même dire que la Toile a permis aux belles plumes de s'exprimer, aux correspondances amoureuses de reprendre du poil de la bête, aux humoristes de se dévoiler, et l'on sait que l'humour joue un grand rôle pour faciliter les approches sexuelles. Toutefois, plus nous serons conscients des enjeux et des dérives que comporte Internet, moins nous tomberons dans ses panneaux, et mieux nous profiterons de ses atouts. Il faudrait donc que les candidats aux rencontres virtuelles restent au plus près de ce qu'ils sont, sans s'inventer des spécialités improbables, des capacités sexuelles hors du commun. Qu'ils réduisent la distance entre ce qu'ils sont et ce qu'ils livrent d'eux-mêmes. Et peut-être aussi qu'ils se rencontrent assez vite pour éviter de laisser trop s'emballer la machine à fantasmes. Le face-à-face oblige à se confronter à la réalité, à ses fragilités, notre bagage le plus précieux. Derrière ces comportements encouragés par le virtuel, qui reflètent l'égoïsme et le cynisme de notre époque, se cachent toujours des hommes et des femmes en recherche d'amour et de tendresse. Sur la Toile se côtoient le pire et le meilleur, la générosité, comme la brutalité. Souvenons-nous toujours qu'Internet a infiniment plus de mémoire que nous : rien ne s'efface, rien ne s'oublie…

ILS ONT DIT...

ALAIN BADIOU

(Philosophe, écrivain et dramaturge)

L'amour sans le hasard ?

Paris a été couvert d'affiches pour le site de rencontres Meetic, dont l'intitulé m'a profondément interpellé. Je peux citer un certain nombre de slogans de cette campagne publicitaire. Le premier dit – et il s'agit d'un détournement d'une citation de théâtre : « Ayez l'amour sans le hasard ! ». Et puis, il y en a un autre : « On peut être amoureux sans tomber amoureux ! ». Donc, pas de chute, n'est-ce pas ? Et puis, il y a aussi : « Vous pouvez parfaitement être amoureux sans souffrir ! ». Et tout ça grâce au site de rencontres Meetic... qui propose de surcroît – l'expression m'a paru tout à fait remarquable – un « coaching amoureux ». Vous aurez donc un entraînement qui va vous préparer à affronter l'épreuve. Je pense que cette propagande publicitaire relève d'une conception sécuritaire de l'« amour ». C'est l'amour assurances tous risques : vous aurez l'amour, mais si vous avez bien calculé votre affaire, vous aurez si bien sélectionné d'avance votre partenaire en pianotant sur Internet – vous aurez évidemment sa photo, ses goûts en détail, sa date de naissance, son signe astrologique, etc. – qu'au terme de cette immense combinaison vous pourrez vous dire : « Avec celui-là, ça va marcher sans risques ! ». Et ça, c'est une propagande. C'est intéressant que la publicité se fasse sur ce registre-là. Or, évidemment, je suis convaincu que l'amour, en tant qu'il est un goût collectif, en tant qu'il est, pour quasiment tout le monde, la chose qui donne à la vie intensité et signification, je pense que l'amour ne peut pas être ce don fait à l'existence au régime de l'absence totale de risques. Ça me paraît un petit peu comme la propagande qu'avait faite à un moment donné l'armée américaine pour la guerre « zéro mort ». [...] Ajoutons tout de même que le risque n'étant pas éliminé pour de bon, la propagande de Meetic, comme celles des armées impériales, consiste à dire que le risque sera pour les autres ! Si vous êtes, vous, bien préparé pour l'amour, selon les canons du sécuritaire moderne, vous saurez, vous, envoyer promener l'autre, qui n'est pas conforme à votre confort. S'il souffre, c'est son affaire, n'est-ce pas ? Il n'est pas dans la modernité. [...] L'amour sécuritaire, comme tout ce dont la norme est la sécurité, c'est l'absence de risques pour celui qui a une bonne assurance, une bonne armée, une bonne police, une bonne psychologie de la jouissance personnelle, et tout le risque pour celui en face de qui il se trouve. Vous avez remarqué que partout on vous explique que les choses se font « pour votre confort et votre sécurité », depuis les trous dans le trottoir jusqu'aux contrôles de police dans les couloirs du métro. Nous avons-là les deux ennemis de l'amour, au fond : la sécurité du contrat d'assurance et le confort des jouissances limitées.

Alain Badiou, *Éloge de l'amour*, avec la collaboration de Nicolas Truong, Flammarion, coll. « Champs essais », 2009.

JEAN-CLAUDE KAUFMANN

(Sociologue)

Un supermarché d'hommes pour les femmes

Des sites comme Adopteunmec.com proposent aux hommes de devenir de simples objets de consommation et d'afficher (superbement) leur profil en attendant qu'une femme flashe et clique pour les mettre dans leur caddie virtuel. « Là où on pourrait croire que c'est génial, c'est que les mecs ne peuvent pas harceler les demoiselles, ce n'est qu'une fois l'objet dans le caddie que le mec peut enfin envoyer un message. Et là, le public féminin qui a connu les sites de rencontres crie au bonheur ! Là je me suis dit que c'est innovant, que pour une fois, le site respecte un peu les demoiselles et leur donne le moyen de draguer tranquille. Et que surtout elles ont la totale initiative et qu'enfin, elles vont pouvoir aller de l'avant. Hélas, Ginfizz ne va pas tarder à déchanter. [...] Il fut en effet très surpris de constater que les femmes venues faire leur petit marché sexuel naviguaient entre des attitudes extrêmes. Entre trop et trop peu. Comme si elles s'avéraient incapables de s'en tenir à un juste milieu enrobant la demande sexuelle d'un minimum de politesse, sinon d'affection.

Du côté du trop peu, il y avait la fausse initiative. Certes, elles mettaient un homme dans leur caddie, mais ensuite, rien. Elles attendaient. Que ce soit lui qui envoie le premier message. « Elle est où l'initiative, là ? » demande Ginfizz, qui conclut catégorique : « Malheureusement, et c'est désespérant, les demoiselles manquent toujours d'initiative ». Du côté du trop, il y avait surtout la manière de faire, sèche, directe, sans humour, sans paroles, strictement consommatoire. Pire encore que les hommes. Ginfizz a tort d'être surpris, car il n'y a en fait rien là de très étrange. [...] Il manque des repères et les automatismes ne sont pas rôdés. D'où les nombreux zigzags entre trop et trop peu. Dans les séquences « trop », là où les hommes, purs chasseurs, essaient de masquer un peu leurs intentions, les femmes adoptent volontiers des attitudes décalées et provocatrices. Car elles se sentent hors de leur cadre habituel. Sans les garde-fous forgés par une longue tradition culturelle, elles sont grisées par leur audace libertine libertaire. Et se laissent d'autant plus emporter dans une fuite en avant de tous les excès qu'elles ont plus ou moins conscience d'être à l'avant-garde d'un combat révolutionnaire. Pour la liberté et l'égalité. Il arrive même que la quête du plaisir en soit oubliée.

Jean-Claude Kaufmann, *Sex@mour*, Armand Colin. 2010.

SOPHIE CADALEN
(Psychanalyste et écrivain)

Tu m'aimes comment?

ELLE: Ah oui le pseudo!... Faut que je me trouve un pseudo... Comment je vais m'appeler? «Peggy»! Comme mon doudou. La relation la plus stable que j'ai jamais eue. Mais «Peggy» ça fait cochonne, je vais attirer les gros dégueulasses plutôt qu'un futur mari... Je veux bien un prince charmant porté sur la chose, mais «Peggy» c'est pas un prénom de princesse. Ça fait seulement cochonne. On n'épouse pas les seulement cochonnes. Donc on oublie «Peggy». Ava? Greta? Marilyn? Jean, comme Jean Seberg?... Oui, «Jean» c'est pas mal: sexy mais pas trop, un peu intello... Oui, «Jean» ça me plaît bien... En plus je lui ressemble un peu... (*Elle tape*) J-E-A-N... Ah oui mais, écrit, ça fait «Jean» (*prononcé à la française*)! C'est un coup à passer pour un mec... Bon, alors, le pseudo! Jenny? Cindy? Mimi? Lili? Pipi?... J'ai trouvé! «Miss Tic», comme la sorcière qui veut voler la pièce porte-bonheur de l'oncle Picsou... Excellent! Moi aussi je veux mettre la main sur la bonne pièce! Miss Tic... Miss Tic...

LUI: Miss Tic... Miss Tic... C'est marrant comme pseudo... Ça veut dire quoi? Miss Tic... Elle doit être branchée spiritualité celle-là, chakras et tout le bazar... Elles sont sympas souvent ces nanas, et plutôt cool, du genre «*peace and love*», amour libre et *tutti quanti*... Elle l'a écrit bizarre, son «Miss Tic»... Littéralement ça fait mademoiselle Tic. Y a un petit côté provoc en plus: à se prendre un nom de bestiole qui pique et suce le sang, et qui file des démangeaisons, elle en promet la coquine! Vous voulez jouer à ça Mademoiselle Tique? Si vous aimez les relations poil à gratter, j'ai le dard qu'il faut pour vous énerver!

ELLE: ... Allez Miss Tic, on se concentre! C'est que le début! Peut-être que «Miss Tic» ne dira rien à mon futur chéri – qui passera donc à la fiche suivante et me larguera avant de m'avoir connue. Mais pourrais-je imaginer une vie avec un homme qui serait passé à côté de *Picsou Magazine*?! Non. Qu'il ait survolé Kant et Spinoza, d'accord, mais pas *Picsou Magazine*... C'est pas possible... Sauf s'il est très riche. Ouais, mais s'il est riche il sera sûrement super vieux, et plus très vaillant... Mon côté Peggy va pas être content. Non, je garde Miss Tic. À propos d'âge, faut que j'annonce le mien...

Lui : Fais gaffe mec… Tu les repères de loin les emmerdeuses, et t'es fort pour prendre de l'élan et foncer tête baissée dans le panneau ! D'abord c'est marrant, c'est excitant, et puis très vite c'est prise de tête avec crises de nerf régulières et plus beaucoup de baise. Tu connais ! Mais j'ai pas l'impression que Miss Tic joue dans cette cour-là : les emmerdeuses manquent d'humour sur elles-mêmes, et faut en avoir une sacrée dose pour s'appeler comme un parasite !

Elle : Miss Tic, 40 ans… La vache, qu'est-ce que ça fait vieille quand c'est écrit ! 40 ans… Non, c'est pas possible, j'ai pas ces 40 ans-là ?! Il verra pas mon amoureux comme je suis jeune dans ma tête, avec ce méchant 4 suivi d'un 0 ! En plus il pensera que j'ai arrondi à mon avantage… Ce qui n'est pas faux. Non, ce n'est pas possible. J'assume pas. J'ai qu'à écrire « une trentenaire bien tassée »… Tellement tassée qu'elle est pratique à trimballer : y a qu'à la faire rouler !… J'ai le chic pour trouver les expressions flatteuses ! Qu'est-ce que je peux mettre… ? « La trentaine épanouie », ça c'est pas mal ! Pas de misérabilisme, pas de mensonge non plus : elle était pas mal ma trentaine… dans l'ensemble. Et puis zut, je mets ce que je veux ! Il ne va quand même pas me demander mes papiers au premier rendez-vous ?!

Lui : « La trentaine épanouie », c'est au moins la millième qui évite d'annoncer son âge en brandissant sa trentaine épanouie ! Le pire c'est qu'elles doivent être contentes de leur expression, la plupart ont dû cogiter longtemps avant de la pondre ! « La trentaine épanouie »… Elles annonceraient franco les 30 kilos qu'elles ont en trop, ce serait moins inquiétant ! Merde, qu'elles soient honnêtes avec leur « épanouissement » ! Celle qui écrira « j'ai des formes appétissantes qu'un 36 ne saurait contenir », mais celle-là je la contacte tout de suite ! Je préfère un peu plus que pas assez et rien sous la main. Alors c'est quoi ton « épanoui » à toi, Miss Tic ?

Elle : De toute façon j'ai mis une photo récente, mes dernières vacances aux Antilles. J'étais mignonne, bronzée, reposée. Bon, on ne le voit pas vraiment, y avait le soleil en face… Mais j'aime bien, ça donne un petit côté mystérieux… Je ne vais quand même pas me montrer au réveil quand j'ai dormi deux heures et picolé toute la soirée ?! D'ailleurs, je ne sais pas pourquoi je me prends la tête : l'amour n'a rien à voir avec le physique, ça se saurait si c'était réservé aux beautés !

Sophie Cadalen, *Tu m'aimes comment ?* (Pièce inédite.)

Alors que le sexe semble désormais **sans tabou**, on assiste pourtant au retour d'un certain discours puritain, d'une **morale** qui avance **masquée.** Comment déjouer leurs pièges ?

3

LE RETOUR DE LA MORALE, COMME UN BOOMERANG

Morale invisible

Apparemment, nous vivons dans un monde libéré de toute morale, apparemment seulement. Ainsi, dans certains États d'Amérique du Nord, l'adultère au sein de mariage constitue une faute, et si l'un des conjoints peut fournir la preuve de cet accroc au contrat, ce faux pas va coûter cher au contrevenant. En France, alors que l'abolition de l'adultère comme faute est entérinée, qu'il n'est plus théoriquement un motif de divorce, une juge a récemment retenu à charge des messages de la maîtresse sur le portable du mari dans la procédure, preuve que les mentalités évoluent moins vite que la loi, même au sein d'institutions censées la représenter. D'autres exemples encore de ce discours moralisateur qui opère en sourdine? Prenez les films ou les séries américaines dont nous nous gavons, et repérez les dialogues qui distillent des messages sur ce qui est correct ou non, notamment la série *Desperate Housewives*, où l'on ne compte plus les réprobations sur l'adultère...

Pour les Américains, penser à une femme ou à un homme s'ils sont mariés est totalement inadmissible, comme si la pensée seule était déjà un acte répréhensible. Or, penser n'est pas pécher, imaginer et faire n'est pas la même chose. La France n'est pas en reste dans ce retour puritain, et de plus en plus de voix s'élèvent encore pour s'indigner de l'envahissement de la sexualité dans la société, mais, contrairement aux dérives que nous décrivions plus haut, ces personnes s'offusquent tout simplement du fait de pouvoir faire l'amour en toute liberté, entre adultes consentants. Sous prétexte de protection des jeunes ou des plus faibles, elles imposent de nouveaux diktats. Ainsi, la prostitution est leur bête noire, croisade qui cache souvent une méfiance, une haine des hommes, au prétexte de protéger les femmes. Loin de nous l'idée de vouloir à tout prix la défendre, mais force est de constater qu'elle a toujours existé, à toutes les époques et sous toutes les latitudes, répondant aux besoins de faire l'amour chez des hommes solitaires ou non comblés dans leur désir. Dans les pays où elle est interdite, comme en Suède, les habitants embarquent sur des bateaux bordels qui naviguent au large des côtes, véritables centres d'abattage pour les prostituées. La solution au vrai problème de la prostitution réside dans une réelle protection des professionnelles du sexe, raison pour laquelle certaines d'entre elles souhaitent travailler dans des lieux protégés de la violence. Les films pornographiques sont également visés par ce discours moralisateur, assimilant ceux qui les regardent à des obsédés sexuels. Mais si on ne prend pas ces films comme des modes d'emploi, ils peuvent être un moyen ludique pour un couple de faire monter leur excitation mutuelle, pour ensuite la partager à leur manière. Certaines femmes, même si elles sont moins nombreuses que les hommes, aiment les films pornos, et la majorité est sensible aux films érotiques, en témoigne le succès de *L'Amant de Lady Chatterley*. En fait, derrière ces mères-la-pudeur et ces pères-la-morale se cachent souvent des personnes en difficulté névrotique avec leur sexualité, préférant s'offusquer de ce qu'ils ont du mal à faire en toute tranquillité. Ou bien ils ont, pensent-ils, passé l'âge et crachent sur ce qu'ils ont aimé et pratiqué assidûment parce qu'ils souffrent de ne plus être assez séduisants... Certaines mauvaises expériences peuvent encore conduire à se draper dans une morale de bon aloi. Quand une femme n'a pas osé refuser une pratique qui l'a malmenée, quand un homme s'est vu moqué par une femme sur sa prestation sexuelle jugée peu satisfaisante, le risque est grand de jeter le bébé avec l'eau du bain. Le problème de ces blessures est qu'elles durent très longtemps : trente après, ils se souviennent avec précision de ce qui les a salis ou humiliés. L'attitude moraliste est là, pensent-ils à tort, pour les protéger. D'autres encore, ayant du mal à concilier sexe et sentiment, vivent leurs fantaisies sexuelles hors du couple, incapables de les partager avec leur conjoint. Sous prétexte de respect, ils opèrent une véritable dichotomie, arguant de la notion de respect qui, on le sait, n'est pas toujours le meilleur allié du désir. Le couple n'est pourtant pas condamné à la position du missionnaire, et il est possible d'accepter un jeu de soumission dans la sexualité sans pour autant avoir envie d'être dominé dans la vraie vie. Dans un tel contexte, le sexe pourrait devenir à terme un loisir comme les autres, coupé d'un quelconque engagement amoureux : d'un côté les amants, de l'autre le père et la mère de ses enfants, on assisterait alors à un sacré retour en arrière avec, comme maigre consolation, l'égalité des femmes et des hommes, là où le bourgeois du XIXe siècle était le seul à avoir sa danseuse... Le plus grave reste la multiplication des plaintes pour perversions sexuelles, les médecins étant de plus en plus conduits à établir des certificats de non-perversion, comme cette femme qui ne comprenait pas que son mari aille voir des prostituées alors qu'elle faisait régulièrement l'amour avec lui. Le problème, c'est qu'elle n'aimait que l'amour tranquille tandis que lui aspirait à des fantaisies qu'il n'osait lui avouer. Peut-on parler de perversion ? Ajoutons le nombre croissant des accusations de pédophilie envers les enfants lorsqu'il ne s'agit que de manœuvres pour en conserver la garde. À croire que derrière tout père divorcé se cache un pédophile qui s'ignore.

Plus jamais de sexe !

Un mouvement encore plus radical a vu le jour : les asexuels. Réaction à ce qu'ils considèrent comme un envahissement trop massif de la sexualité, ou revendication d'une absence de sexualité, car ils préfèrent choisir plutôt que subir ? Une façon de faire contre mauvaise fortune bon cœur... Toute association permet d'être moins seul et, comme les asexuels se sentent quand même hors du monde, ils ont créé une petite coterie à part. Se déclarer asexuel permet de rassembler du monde autour de soi, à l'instar de cette femme souffrant de vaginisme, qui est ravie de faire un grand nombre d'adeptes : elle ne souffre plus d'une pathologie, elle n'est plus seule avec son malaise, elle est la porte-parole d'un mouvement, voilà qui change tout ! Le paradoxe, c'est qu'on trouve également des asexuels parmi des personnes qui ont tout essayé en matière de sexualité : ils ont été bisexuels, homosexuels, hypersexuels alors, pourquoi pas asexuels ?

Pour certains encore, le sexuel est le mal suprême, tout désir autour de soi étant vécu comme une agression. Ceux-là revendiquent une sexualité exclusivement destinée à la reproduction et se trouvent en général dans les mouvements religieux extrémistes. Enfin, certains confondent manque de désir et asexualité. Si, dans un couple, les deux partenaires sont sur la même longueur d'ondes, préfèrent aller au théâtre ou à la pêche plutôt que de faire l'amour, pourquoi pas ? Mais c'est souvent l'un qui dicte sa loi à l'autre. Ainsi, un homme a imposé l'absence de sexualité à sa femme pendant plus de vingt ans, pour finir par découvrir le désir avec une autre et abandonner l'abstinence… L'erreur de sa première femme a été de prendre pour argent comptant cette position apparemment philosophique. Enfin, un grand nombre de personnes sont asexuelles sans le savoir ni le revendiquer. C'est le cas de ceux qui ont toujours mille et une raison de ne pas faire l'amour : les enfants, le travail, la fatigue… Ils attendent que le désir ressurgisse par magie, mais hélas, cette abstinence entraîne une inhibition plus difficile à surmonter avec les années qui passent.

Cyanide and Happiness.

Le discours moralisateur vis-à-vis des jeunes

Les jeunes servent souvent de boucs émissaires à notre société déboussolée. On les accuse de tous les maux, peut-être parce que les adultes leur en veulent un peu d'avoir la vie devant eux et une énergie et un enthousiasme dont ils ne sont plus capables ? Certes, les adolescents parlent aujourd'hui plus librement de sexe, mais sont-ils plus à l'aise que leurs aînés jadis ? Pas sûr, et dans leur tête ils restent souvent des enfants... N'oublions pas que l'âge du premier rapport sexuel a peu évolué depuis trente ans, dix-sept ans pour les deux sexes. Et même s'ils ont parfois des pratiques sexuelles auxquelles ne s'adonnaient pas leurs parents adolescents, ils ne sont pas devenus des bêtes de sexe pour autant. Mais la réaction des adultes peut venir réellement perturber le bon fonctionnement de leur sexualité. Prenons l'exemple d'une jeune fille de quatorze ans qui annonce à sa mère qu'elle a fait une fellation. Si celle-ci pense que cette pratique est une déviation sexuelle, elle va hurler en la traitant de dévergondée, prenant soit le risque de couper le dialogue – sa fille pensera qu'elle est coincée et dépassée – soit de la blesser profondément et de la conduire à un dégoût de la sexualité. L'enjeu de l'éducation n'est pas d'imposer des interdits, mais de muscler le libre arbitre des adoslescents pour qu'ils prennent leur décision en connaissance de cause. Que cette jeune fille décide ou pas de faire une fellation sera son affaire, nous ne maîtrisons pas la vie sexuelle de nos enfants, et c'est tant mieux, car c'est le premier lieu de leur véritable autonomie. En réagissant par le rejet, ce parent enlève l'émotion qui a peut-être accompagné cette expérience. Une fellation ne se réduit pas à introduire un pénis dans la bouche, elle peut être faite avec amour, respect et tendresse, même par des jeunes, et peut devenir banale, au bon sens du terme, ce qui ne signifie pas de la faire avec n'importe qui, n'importe quand, mais avec plaisir. Il ne faudrait pas laisser croire qu'elle est à bannir par principe. Le vrai problème est quand cette pratique est imposée, filmée, voire rémunérée, ou que la jeune fille a été utilisée à ses dépens. Si c'est le cas, rien ne sert encore d'avoir une réaction brutale de rejet, de poser un regard d'adulte, sachant qu'à cet âge les jeunes sont souvent dépassés par leurs actes. En revanche, ils seront marqués au fer rouge s'ils sont traités de pervers ou de « pute », et on prend le risque de les mettre en situation de rejeter la sexualité, ou en tout cas de rencontrer de sérieux problèmes dans leur vie d'adulte. Quoi qu'il ait fait, et même s'il s'est livré à des actes que ses parents réprouvent, il faut que l'adolescent sache que ces derniers conservent pour lui amour et respect. Il est important de juger la situation, pas la personne, en insistant sur le fait que se plier à une pratique sous la contrainte risque de le ou la dégoûter, à terme, de la sexualité. Avec les adolescents, rien ne sert d'avoir un discours moralisateur. L'important est de faire passer ses valeurs, sans être psychorigide. Qui peut aujourd'hui dire à un jeune d'attendre d'être amoureux pour avoir une première relation sexuelle ? Ce serait aussi décalé et peu sérieux que de dire que le hasch est mortel. Or, pour qu'un message soit entendu, il faut rester crédible. L'important est que le jeune garde toujours son libre arbitre, la possibilité de dire oui ou non, et qu'il n'utilise pas les autres pour son bon plaisir. Par ailleurs, certaines pratiques demandent effectivement du temps pour s'installer, de la maturité, et il n'est pas nécessaire d'en passer par la sodomie à seize ans pour avoir une sexualité épanouie. Nous avons quand même la mémoire courte... Dans les boums, les bals de village, il y a toujours eu des passages à l'acte et des pratiques sexuelles discutables, même dans les milieux huppés. Ce qui est nouveau, c'est qu'on en parle. Et comme on en parle, puisqu'on en parle, c'est que ça existe, et si ça existe, on peut le faire, ou, pire, l'exiger. Nous avons l'impression que c'est devenu une généralité, même si le phénomène reste marginal. Non, toutes les adolescentes ne font pas des fellations dans les toilettes des collèges pour quelques euros, n'en déplaisent aux adultes qui poussent des cris d'orfraie à la lecture de ces faits divers relayés abondamment par la presse. Malheureusement, les adolescents ont tendance à se comporter selon le miroir qu'on leur tend... Même s'ils affichent une décontraction absolue, ils sont souvent perdus, à la recherche de repères et de limites pour se construire. Dans leurs aspirations, c'est l'affectif qui domine. Ils veulent être aimés pour ce qu'ils sont, reconnus, appréciés. Ils rêvent tous de vivre une grande histoire d'amour. Comme les adultes, en fait.

PHILIPPE BRENOT

(Psychiatre et sexologue)

La masturbation, tabou le plus solide de la morale sexuelle

Pour la majorité d'entre nous, la masturbation est la pratique sexuelle la plus répandue, seul ou à deux, pour la majorité d'entre nous elle a été la première expérience sexuelle, pour la majorité enfin, elle est le garant de l'équilibre personnel et de l'épanouissement dans le couple, pour tous, elle est très certainement l'élément le plus fondamental de la sexualité, indispensable à sa maturation, à sa pleine réalisation comme à sa pérennité. Elle reste cependant le tabou le plus solide de la morale sexuelle occidentale.

Les années ont passé, la tempête s'est calmée, la masturbation a désormais droit de cité, elle n'est pourtant pas encore suffisamment disculpée et il nous faut réaffirmer très clairement que tout interdit est maintenant levé : il est licité, normal, il est beau, bien, bon, agréable, convenable, simple, excellent, décent, louable, méritoire, utile, valable, heureux, fréquent, habituel, ordinaire, compréhensible, excitant, appétissant, attrayant, captivant, récréatif, intéressant, stimulant, remontant, passionnant, tonique, réconfortant, vivifiant, exaltant, troublant, grisant, enivrant, voluptueux, légitime, raisonnable défendable, excusable, permis, légal, autorisé, loyal, droit, valide, justifié, correct, juste, légitime, honnête, bienséant, naturel… de se masturber, que l'on soit un homme ou que l'on soit une femme, et surtout si l'on est une femme, car il est encore trop fréquent que les femmes et les petites filles – c'est très rare chez les hommes – n'osent s'abandonner à l'auto-érotisme alors que cela leur ferait le plus grand bien. Le grand drame de la masturbation vient de ce qu'on n'en parle pas. Il n'est bien entendu pas question de parler de soi, d'avouer, de confesser sa pratique et son intimité – l'Inquisition est terminée – mais de permettre que l'on parle de la masturbation, de sa nature, de ses fonctions, de son rôle dans la vie personnelle et dans le couple. Comme pour tout ce qui est du sexuel, si on n'en parle pas, c'est en vertu de son prétendu caractère « naturel ». Et c'est encore pour cette raison qu'il n'y a pas – ou si peu – d'éducation à la sexualité, car pourquoi apprendre ce que l'on considère comme naturel ?

Philippe Brenot, *Éloge de la masturbation*, Zulma, 1997.

PASCAL BRUCKNER

(Écrivain et essayiste)

Un ministère des Cœurs brisés ?

Quant à l'adultère, jadis symbole de révolte contre les unions forcées, il traduit le goût du divertissement, des chemins de traverse pour ceux qui s'ennuient en ménage et ne sachant résister aux tentations. À voir l'omniprésence du thème dans le cinéma et la littérature, et les souffrances qu'il provoque, les candidats doivent être légions. On trompe parfois ceux qu'on aime par goût du secret, pour se rassurer, se distraire, se rajeunir et cette infidélité, partagée à égalité par les deux moitiés de l'humanité, s'appelle curiosité, vanité, narcissisme, appétit sans freins des corps nouveaux. Le féminisme, c'est aussi le droit pour les femmes d'embrasser les défauts des hommes et d'en rajouter. Ce n'est pas parce que l'oppression fut horrible que la libération va se montrer merveilleuse. Faut-il alors donner un nouveau tour de vis, revenir aux vieilles polices du désir ? Créer par exemple un ministère des Cœurs brisés qui punirait les volages et consolerait les délaissés ? (L'on sent certaines féministes prêtes à châtier l'homme coureur pour mieux absoudre la femme légère.) Faut-il établir, comme le demandent certains juristes, un droit à être quitté dans la dignité, ou encore surseoir au divorce tant que les enfants n'ont pas atteint leur majorité ? En Californie, des groupes de citoyens tentent d'imposer son abolition pure et simple et l'État de Louisiane, suivi de l'Arkansas et de l'Arizona, s'est proposé depuis 1997 de le rendre plus restrictif grâce à la *Covenant Marriage Law*, une loi aux accents bibliques mais sans effet dans la réalité. On ne peut légiférer sur ce que le sentiment a d'effroyable sans statuer sur ses bons côtés. On peut accroître la protection matérielle des conjoints abandonnés, se soucier du bien-être de leur progéniture, on ne peut empêcher les séparations ! […] Criminaliser l'intime, c'est permettre au juge, à l'État, de s'immiscer dans une convention privée, de se poser à notre place en garant des promesses ou de la bonne conduite, en surveillant du for intérieur. Tous les Rastignac, masculins et féminins, venus en général de classes défavorisées ou de pays pauvres, qui usent de leurs charmes pour séduire des êtres d'influence, grimper socialement, offrant leur jeunesse et leur expertise érotique en échange de la sécurité matérielle, quelle loi pourrait les interdire ? Comment ne pas les comprendre ? On aime toujours dans un contexte social et politique précis où les différences de statuts et de revenus, quand elles sont trop fortes, parasitent plus ou moins les élans du cœur et la communion des âmes.

Pascal Bruckner, *Le Mariage d'amour a-t-il échoué ?*, Livre de poche, 2010.

Xavier Gorce, *Les Indégivrables*, 2007.

VIRGINIE DESPENTES

(Écrivain et réalisatrice)

La prostitution : une concurrence déloyale ?

Faire ce qui ne se fait pas : demander de l'argent pour ce qui doit rester gratuit. La décision n'appartient pas à la femme adulte, le collectif impose ses lois. Les prostituées forment l'unique prolétariat dont la condition émeut autant la bourgeoisie. Au point que souvent des femmes qui n'ont jamais manqué de rien sont convaincues de cette évidence : ça ne doit pas être légalisé. Les types de travaux que les femmes non nanties exercent, les salaires misérables pour lesquels elles vendent leur temps n'intéressent personne. C'est leur lot de femmes nées pauvres, on s'y habitue sans problème. Dormir dehors, à quarante ans, n'est pas interdit par la législation. La clochardisation est une dégradation tolérable. Le travail en est une autre. Alors que vendre du sexe, ça concerne tout le monde et les femmes « respectables » ont leur mot à dire. Depuis dix ans ça m'est arrivé d'être dans un beau salon, en compagnie de dames qui ont toujours été entretenues *via* le contrat marital, souvent des femmes divorcées qui avaient obtenu des pensions dignes de ce nom, et sans l'ombre d'un doute, m'expliquent à moi, que la prostitution est en soi une chose mauvaise pour les femmes. Elles savent intuitivement que ce travail-là est plus dégradant qu'un autre. Non pas pratiqué dans des circonstances particulières, mais en soi. L'affirmation est catégorique, rarement assortie de nuances, telles que « si les filles ne sont pas consentantes » ou « quand elles ne touchent pas un centime sur ce qu'elles font » ou « quand elles sont obligées d'aller travailler aux périphéries des villes ». Qu'elles soient putes de luxe, occasionnelles, au trottoir, vieilles, jeunes, douées, dominatrices, tox ou mères de famille, ne fait *a priori* aucune différence. Échanger un service sexuel contre de l'argent, même dans de bonnes conditions, même de son plein gré, est une atteinte à la dignité de la femme. [...] Difficile de penser que ce que les femmes respectables ne disent pas, c'est qu'elles craignent la concurrence. Déloyale parce que trop adéquate et directe.

Virginie Despentes, *King Kong théorie*, Grasset, 2006.

SOPHIE FONTANEL

(Écrivain et journaliste)

Le droit au jardin secret

Pendant ce temps, Carlos avait été excommunié. Vivionne avait fouillé l'ordinateur familial. Elle ne cherchait que des mails suggestifs, travaillée par l'intuition qu'il puisse exister une autre femme aux abords de Carlos, que le studio, la valise, ne soient l'ébauche de projets plus gigantesques. L'amour ailleurs. Vivionne n'était pas spécialiste en informatique. Elle avait vu l'onglet « historique » dans la barre des menus, elle avait cliqué dessus, la chance du débutant. Bien sûr, sincèrement, ce pouvait être son fils ou sa fille. Dans son malheur, elle alla leur poser la question. C'est donc en famille, pour ainsi dire, qu'ils avaient ensemble retracé le pitoyable chemin de Carlos. Ils avaient re-visionné chaque vidéo, où ils avaient recompté toutes les fois – trente fois – où Carlos avait cliqué sur « une salope suce son prof pour obtenir la moyenne ». Vidéo si appréciée qu'elle était dans la barre des favoris. Le fait que Carlos soit professeur d'anglais ajoutait à la véracité des images. Le fait qu'il n'ait rien chercher à dissimuler, à sa cruauté de psychopathe.

J'étais une des rares à lui parler. Il n'avait plus que les hommes dans son camp, et encore, en cachette. Pierre le voyait dans un bar à Suresnes. Je l'écoutais se désoler. Il se jugeait ignoble. Il en aurait dégobillé de regret. En contrepartie, je lui mettais sous les yeux l'ignominie de la sainte alliance incluant ses enfants : « C'est plus grave que tes méfaits ». Je lui assurais qu'il y avait un sanctuaire des gens, un endroit de désirs flous où on a tous le droit de se retrancher sans nuire à personne. Il avait un air de demander si j'avais bu. Il secouait la tête, quelqu'un pour qui c'est trop tard, qui a reconnu ses crimes.

Sophie Fontanel, *L'Envie*,
Robert Laffont, 2011.

diàlectique.

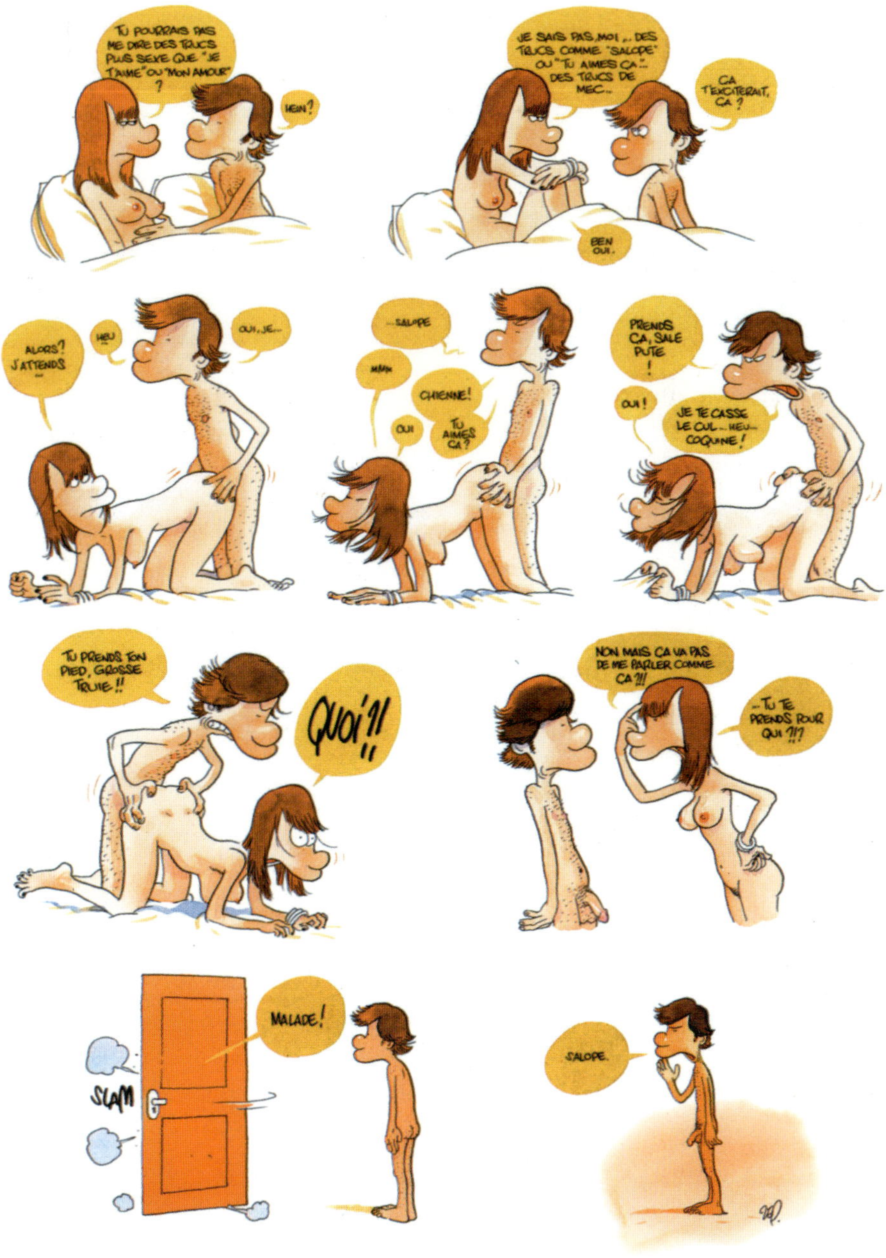

Zep, *Happy Sex*, Delcourt, 2009.

TOI ET MOI SOUS LA COUETTE !

S'il n'y avait qu'un seul mot pour résumer les difficultés des hommes et des femmes à s'entendre sexuellement, ce serait le mot peur. Peur de ne pas être à la hauteur, peur de décevoir, peur d'être instrumentalisé, pour les premiers. Peur de passer pour une salope, peur d'être interchangeable, peur de ne pas avoir l'air assez libérée pour les secondes. Pendant des siècles, les rôles sociaux ne laissaient pas de place au doute : chacun jouait sa partition, avec plus ou moins de bonheur, sans qu'aucun des deux sexes ne récriminent et surtout pas les femmes, pourtant les plus lésées. Désormais, homme et femme sont responsables de leur vie, de leur bonheur, de leur épanouissement, y compris sexuel, tout en étant encore dépendants des modèles anciens, d'où un malaise sous-jacent chez les deux. Quant au couple, le voilà chargé de grandes missions dont la principale est de permettre à chacun de s'épanouir, sinon, c'est la séparation, parfois au bout de quelques mois seulement. Mieux comprendre le fonctionnement de son partenaire pour mieux s'entendre et parvenir à former avec lui un couple durable, c'est un souhait partagé par beaucoup, à en croire les nombreux sondages sur la vie à deux. Du rêve à la réalité…

Sous couvert d'**égalité sociale**, le discours ambiant prône une **stricte égalité** des sexes sous la couette. Or, si elle est pleinement justifiée quand on parle salaire et partage des tâches, en sexualité, elle n'est pas toujours le **chemin** le plus droit pour aller vers le plaisir...

1 LES HOMMES NE SONT PAS DES FEMMES COMME LES AUTRES

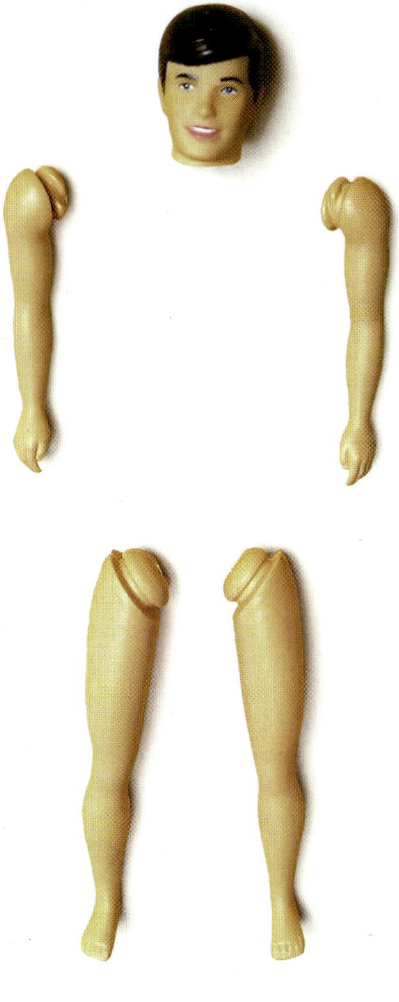

Emmanuel Pierrot, 2001.

Des hommes un peu déboussolés

Les sondages se suivent et ont de quoi inquiéter les hommes… Que veulent les femmes ? Des hommes virils, mais pas machos, qui les protègent, sans les étouffer, qui s'occupent des enfants, sans prendre leur place ni démissionner de leur rôle d'autorité, qui gagnent de l'argent, mais rentrent à cinq heures pour aller à la réunion de parents d'élèves, qui restent leur prince charmant rassurant, mais aussi un amant surprenant… longue liste d'attentes parfois contradictoires ! De son côté, la société ne leur fait pas de cadeaux en valorisant à l'excès les vertus dites féminines : à l'honneur, le rond, le doux, le consensuel ; montré du doigt, le piquant, le pointu, le tranchant… Pas facile de garder la tête haute quand tout ce qui constitue les caractéristiques du masculin est voué aux gémonies. Pas facile non plus de désirer une femme avec des armes qui ne sont pas les siennes. Dans ce contexte, ces dernières aussi sont perdantes car elles ont besoin d'admirer les hommes pour les aimer… Dans le domaine sexuel, la pression s'est accrue. Pendant des siècles, seul l'aléa de leur érection mettait les hommes en émoi, désormais s'y ajoute la nécessité de faire jouir leur compagne, nécessité qui peut vite se transformer en contrainte face à une femme exigeante ou revancharde. Or, la relation sexuelle nécessite un climat serein et détendu, quand l'angoisse s'en mêle, la débandade n'est jamais loin. D'ailleurs, d'où vient cette idée tenace que le plaisir repose sur les seules épaules de l'homme ? Pourquoi faudrait-il qu'il s'attribue l'échec comme

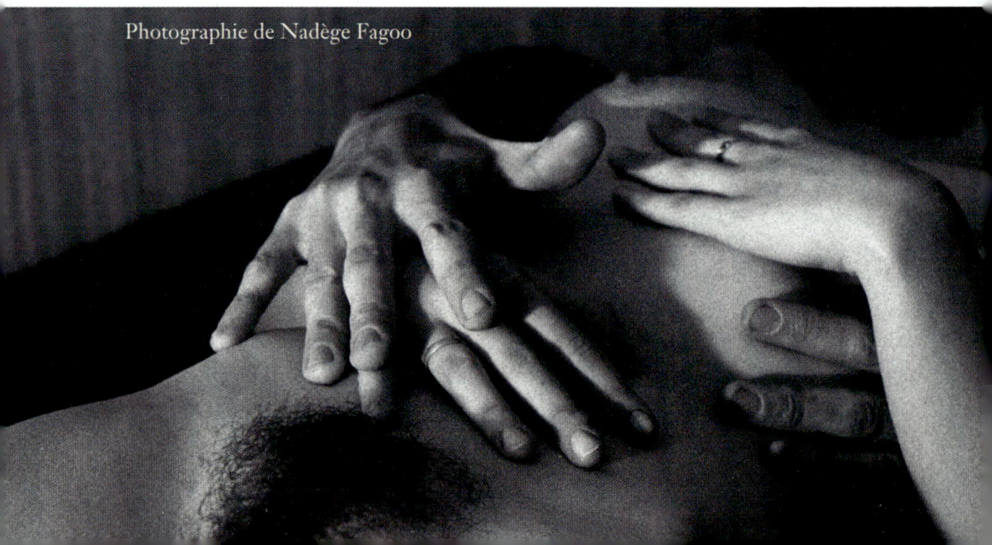

Photographie de Nadège Fagoo

la réussite ? À l'heure où l'on parle d'égalité, voilà un bien curieux paradoxe. Les femmes sont tout autant responsables de la qualité de la relation, et leur plaisir est entre leurs mains. Beaucoup d'entre elles taisent leurs envies, bougonnent dans leur coin sur la maladresse de leur amant, alors qu'il serait tellement plus bénéfique qu'elles expriment leur désir, non en termes d'exigence, mais sous forme de proposition bienveillante. Ainsi, repousser délicatement une main mal placée, ralentir un rythme trop rapide serait mille fois plus performant qu'un reproche. Après tout, comment faire grief à l'homme de ne pas connaître ce qui plaît à la femme ? D'autant que chaque partenaire est différente, ce qui ravit l'une ne comblera pas forcément l'autre. Les hommes et les femmes n'ont pas le même fonctionnement sur le plan sexuel : les premiers sont très centrés sur leur sexe et sur la pénétration, tandis que les secondes apprécient le plus souvent les caresses sur tout le corps, ont généralement une montée d'excitation plus lente. Si la femme se tait, son partenaire peut avoir tendance à fonctionner selon son mode opératoire, confondant son propre désir avec celui de sa compagne.

Un homme, ça fonctionne toujours !

« Toujours prêts ! » comme chez les scouts ? Les hommes sont les premières victimes de cette idée reçue que, malheureusement, ils ont eux-mêmes plaisir à entretenir tant ils aimeraient qu'elle soit vraie. En effet, qu'il serait reposant pour eux qu'il n'y ait qu'un bouton *on* et *off* pour obtenir une érection sur commande ! Mais si cette toute-puissance les rassure dans un premier temps, elle les rend également très fragiles : à la moindre faiblesse, tout leur monde s'écroule, l'angoisse de ne pas être à la hauteur revient au galop, même quand ils accusent leur partenaire pour sauver la face… De son côté, la femme, persuadée elle aussi qu'un homme fonctionne comme un robot, est catastrophée dès qu'il montre une quelconque défaillance : n'est-elle plus désirable ? Bref, les deux sont victimes de cette idée fausse, qui a des conséquences néfastes sur la relation. Heureusement, le sexe masculin est plus complexe qu'une simple mécanique, et la sexualité masculine plus riche que celle des animaux. Oui, les hommes ont un sexe, mais aussi un cerveau, une libido soumise à la relation, au contexte, même s'ils ont plus de facilité que les femmes à en faire momentanément abstraction. Oui, ils ont aussi des pannes de désir, des fluctuations dans leur plaisir. Sur l'échelle de Richter des orgasmes masculins, l'aiguille n'est pas toujours au sommet, et il ne suffit pas que les hommes éjaculent pour jouir, nous y reviendrons dans la troisième partie. Certes, les femmes s'ouvrent par les mots, mais c'est oublier que les hommes y sont de plus en plus sensibles. Ajoutons d'ailleurs que si leur compagne parle plus volontiers de sexe aujourd'hui, ce n'est pas toujours pour le meilleur... Il faut savoir qu'un homme critiqué sur le plan sexuel s'en souviendra toute sa vie : même s'il a mille et une maîtresses satisfaites par la suite, il restera toujours sur cet échec, comme marqué au fer rouge. Au lit, les hommes ont gagné des batailles, jamais la guerre ! Quant aux femmes, ce sont les critiques portant sur leur physique qui s'inscriront de façon indélébile dans leur mémoire. Attention donc aux mots qui tuent d'un côté comme de l'autre !

Des troubles du désir masculin de plus en plus fréquents

Il y a dix ans encore, quand un couple consultait pour un trouble du désir, c'était la femme qui en souffrait. Désormais, il n'est pas rare que ce soit l'homme. Sans doute les femmes s'en plaignaient-elles moins auparavant, mais la fréquence de ce phénomène interroge. Pourquoi cette baisse notable du désir masculin ? La raison est à chercher en partie dans le monde du travail devenu impitoyable et il existe un parallèle évident entre difficultés professionnelles et désir sexuel. Dès qu'un homme est dévalorisé, quel que soit le contexte, sa virilité en prend un coup : chômage, mise au placard ou à la retraite anticipée, autant de blessures ayant des répercussions sous la couette. Sans compter que, parfois, les coups au travail sont portés par des femmes qui, même si elles sont encore loin d'avoir autant de postes de responsabilité que les hommes, sont de plus en plus nombreuses à occuper un poste de directrice ou de chef de service. Heureuse évolution certes, sauf lorsque la supérieure hiérarchique manie le mépris et le dénigrement, ce qui équivaut alors à une double peine. Chez l'homme la puissance sociale et professionnelle est souvent confondue avec la puissance sexuelle. Un désaveu dans ce domaine, et c'est l'effondrement.

Égoïstes, les hommes ?

Une étude qui a porté sur quatorze pays européens indique que, pour 83 % des Français, leur plus grande satisfaction sexuelle est celle de la femme, la moyenne de l'Europe se situant à 66 %. Notre pays caracole donc en tête... De quoi tordre le cou à l'idée qui voudrait que les hommes ne pensent qu'à eux, même si cet égoïsme a longtemps été de mise. Classiquement, les femmes aussi restaient concentrées sur le plaisir de l'homme, ne demandant qu'une chose : qu'ils le prennent le plus vite possible pour pouvoir enfin dormir. Aujourd'hui, on assiste un peu au phénomène inverse : certains hommes sont tellement concentrés sur le plaisir à donner à leur femme, tellement obnubilés à l'idée de devoir lui procurer un orgasme,

Elizabeth Taylor et Paul Newman dans *La Chatte sur un toit brûlant*, un film de Richard Brooks, 1958.

qu'ils n'éjaculent même plus. D'autres encore se focalisent de manière excessive sur le clitoris, lisent tous les traités des caresses qui leur tombent dans les mains, sans toujours se préoccuper de la réaction de leur partenaire. Or, le clitoris n'est pas une sonnette sur laquelle il suffit d'appuyer pour envoyer madame au septième ciel. Certaines caresses trop appuyées peuvent même devenir douloureuses et entraîner l'effet contraire de celui escompté : une fermeture, un agacement, puis un rejet. Une fois de plus, le mieux est souvent l'ennemi du bien. Il est encore une idée reçue qui ne facilite pas la tâche des hommes. Le sexe des femmes serait une sorte de « continent noir », incompréhensible, parce qu'invisible, tandis que celui des hommes ne recèlerait aucun secret. Le psychanalyste Sigmund Freud a popularisé cette notion au début du XXe siècle, ne faisant que théoriser une idée vieille comme le monde : le sexe des femmes serait un endroit mystérieux, voire parfois dangereux, comme nous l'évoquions dans l'introduction. Comment alors faire jouir un sexe dont on ignore le mode d'emploi ? Qui se présente comme une énigme insondable ? Encore une injonction paradoxale qui malmène les hommes.

Les ombres du passé

Force est de constater que la révolution sexuelle n'a pas réglé deux mille ans d'inégalités. Les tabous pesant sur le plaisir féminin sont encore tenaces et l'idée qu'une « une femme honnête n'a pas de plaisir » est encore partagée par pas mal d'hommes – et de femmes –, reliquat d'une morale religieuse imprégnant les esprits et dont il faudrait arriver à se défaire. Comment demander une fellation à la bouche qui embrasse mes enfants ?, se demandent certains, horrifiés. Même ceux qui étaient bien décidés à rester amants une fois parents basculent dans le sexuellement correct, alors même qu'ils ont fait les quatre cents coups avant. Le syndrome de la maman et la putain est bien plus fréquent que les discours ne le laissent entendre. Ces hommes se déshabillent à la hâte avec leur maîtresse, mais rangent leur pantalon avec le pli sur la chaise à la maison, font l'amour dans le noir le soir, jamais l'après-midi… Bref, ils vivent la fantaisie sexuelle le plus loin possible de leur foyer. Pourquoi ce grand écart ? En devenant mère, leur compagne devient en quelque sorte intouchable, comme l'était leur propre mère. Le tabou de l'inceste rôde encore dans leur tête, preuve d'une séparation psychique défaillante, même parfois à un âge adulte avancé. Et si la femme est dans le même état d'esprit, l'épanouissement sexuel aura du mal à être au rendez-vous, nous y reviendrons dans le chapitre suivant.

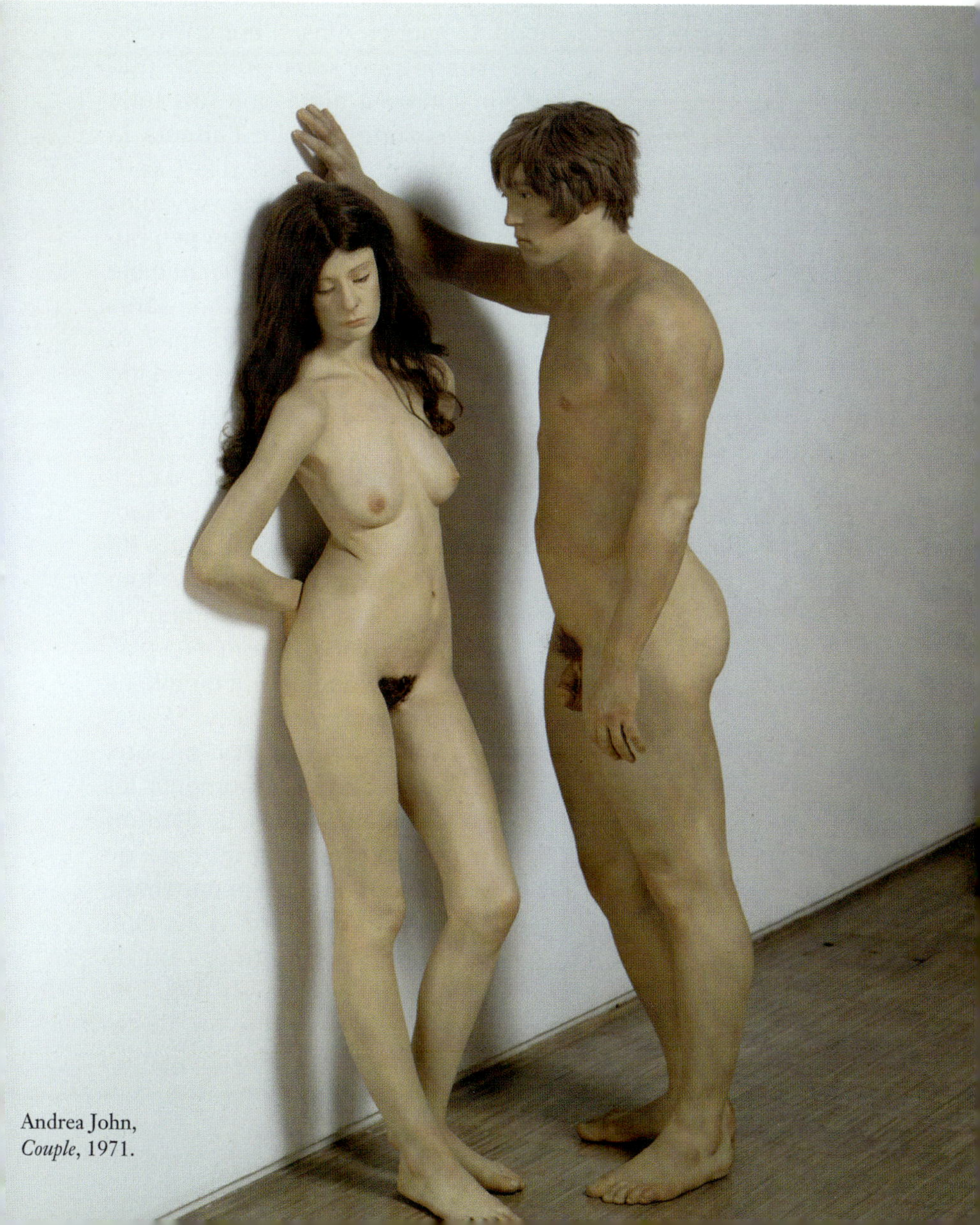

Andrea John,
Couple, 1971.

Les hommes aiment-ils les femmes libérées ?

À entendre un grand nombre d'hommes, il semble qu'ils aimeraient que les femmes soient libérées, qu'elles acceptent les jeux sexuels les plus osés, qu'elles prennent des initiatives au lit. Et effectivement, de plus en plus d'hommes profitent gaiement de ces nouvelles libertés que s'autorisent désormais leurs compagnes, même s'il y a parfois des malentendus sur ce qu'ils peuvent effectivement faire ou demander. Ainsi, l'homme reste persuadé que sous prétexte que leur femme a aimé une fois telle ou telle pratique, elle l'aimera la prochaine, logique loin d'être vérifiée. Imaginons la scène suivante : un soir le couple, ayant un peu bu, fait l'amour de façon plus animale que d'habitude, à la grande satisfaction de l'homme. Ce dernier va alors vouloir reproduire le scénario le lendemain, comme s'ils avaient mis le bouton sur pause, au grand dam de sa femme. Elle a adoré qu'il utilise des mots crus, la traite éventuellement de « salope », mais s'il reprend cette terminologie le jour où elle a envie de mots d'amour, la formule risque fort de tomber à plat, surtout s'il la lance avant qu'elle ne soit un minimum excitée... Moralité ? Avancer, au fur et à mesure, sentir qu'à certains moments les choses sont possibles, à d'autres pas. Le but n'est pas de faire du forcing pour entraîner le partenaire sur son terrain, mais d'avancer petit à petit, de continuer ou de laisser tomber selon sa réaction. Faire l'amour nécessite un ajustement permanent, une navigation

à vue, tous capteurs dehors, sans oublier la complicité, mot clé de la sexualité épanouie, auquel nous ajoutons volontiers l'humour, base de toutes les connivences…

Il existe, parfois, pour ne pas dire souvent, un hiatus entre désir exprimé et peur inconsciente. Or, une femme qui affirme ses désirs déboussole plus d'un homme, une fois dans le lit. Il n'est pas facile d'effacer les siècles où seuls les hommes avaient le droit de faire des propositions. Désormais, certaines femmes se comportent de façon encore plus cavalière que les hommes autrefois, à l'instar de l'une d'entre elles, menaçant un homme en panne d'érection : « Je t'avertis, si ce n'est pas mieux la prochaine fois, cela ne va pas durer entre nous. » Autant dire qu'il n'y eut jamais de prochaine fois… Les critiques, les comparaisons avec un amant précédent vont bon train et font des ravages. Pour la sexologue Ghislaine Paris, la crainte des rivaux incarne la peur masculine par excellence. « Il est même légitime de se demander si cette peur ne serait pas à l'origine de la société patriarcale. En choisissant des femmes jeunes et inexpérimentées, les hommes se sont toujours arrangés pour ne pas être comparés aux autres. Il y avait là bien sûr une façon d'être certain de leur paternité, mais pas uniquement : la question de la rivalité jouait un rôle au moins aussi important que le risque d'engendrer un bâtard. » Aujourd'hui, les femmes sont plus expérimentées et peuvent donc comparer… Même sans vouloir aiguiser cette compétition entre mâles, certaines, très entreprenantes, les mettent mal à l'aise et quand la femme propose, l'homme a du mal à disposer. Dès qu'il sent une pression, il se recroqueville dans sa coquille, ce

Rossano Rossi et Marco Delizia, *Ramba*, 2011.

qui déclenche évidemment quelques problèmes. « Depuis la nuit des temps, l'homme est un chasseur, une posture qui lui évite de tomber dans les pièges du maternel. En effet, tout petit, sa mère lui a donné le sentiment d'être un homme parfait, qui la comble, mais il sent bien que c'est une imposture. Aller vers les femmes est une façon de lutter contre ce mensonge et de se prouver qu'il est capable de désirer, de séduire une autre femme qu'elle. Face à une partenaire trop entreprenante, il est privé du risque du "non", et donc d'une occasion de tester son courage », explique la psychanalyste Hélène Vecchiali[1].

Les hommes ont souvent claironné qu'ils rêvaient d'être un objet sexuel, c'est un peu moins vrai aujourd'hui, car certaines femmes les prennent au mot et parlent d'eux comme de simples *sex toys*, sauf que pour ces derniers, quand ils ne marchent pas, il suffit de changer les piles et ils repartent…

Quand l'homme réalise qu'il est réduit à son pénis, il rejoint la réaction des femmes qui redoutent plus que tout d'être considérées comme des objets sexuels. Que dire de cette femme qui lance après l'amour un « rhabille-toi ! » à son amant de passage ? Les femmes d'expérience bien souvent n'ont aucune envie de jouer les initiatrices : s'instaure alors un bras de fer où aucun des deux ne veut rien lâcher, ni aller vers l'autre. Sommes-nous dans l'impasse ? Non, simplement dans une époque de transition – tant de changements ont eu lieu en à peine cinquante ans – et il n'est pas question de regretter le « bon vieux temps » où les femmes étaient sans désir et sans plaisir, et les hommes, peu soucieux de satisfaire leur compagne. Sans doute faudra-t-il attendre encore une ou deux générations pour qu'homme et femme trouvent un nouveau tempo sans renoncer à ce qui fait la particularité de chacun. Car, rappelons-le avec force, le désir naît de la différence, et le plaisir de la complémentarité, même quand il s'agit de couples homosexuels, car il s'agit de différence humaine, pas uniquement de sexe. Dans le couple hétérosexuel, gageons que si les hommes sont à nouveau rassurés sur leur virilité, par des femmes qui assument leur féminité sans vouloir prendre leur revanche sur deux mille ans d'oppression, l'amour, libéré des tabous, sera joyeux et respectueux des désirs de chacun. Encore un effort…

1. In *Psychologies magazine*, novembre 2009.

TATIANA DE ROSNAY

(Écrivain et journaliste)

La dentelle noire

C'est vrai qu'il a la tête ailleurs. Pas étonnant, après tout. Cette guêpière. Colombe dans sa guêpière. Debout devant lui. Les yeux brillants de désir. Quelle mouche a piqué sa femme ? Oui, elle est sensuelle. Elle a toujours aimé l'amour. Mais jamais il ne l'a vue aussi… aussi… Il cherche le mot, le trouve, le rejette. Pourtant, c'est bien ce mot-là. Salope. Colombe, jusqu'ici, n'avait rien d'une salope. Une fille saine, simple et naturelle. L'autre soir, elle s'est métamorphosée en salope.

Le téléphone sonne, il expédie son interlocuteur, raccroche. Poing sous le menton, il réfléchit. Retour sur la dentelle noire. Si peu son genre. Elle était belle, pourtant. Ça lui allait bien. Oui, il fallait se l'avouer, elle était désirable, bandante, douce et violente à la fois. Pourquoi n'avait-il pas aimé ? Il se mordille le doigt. Si, il avait aimé, bien sûr, il avait aimé. Enfin, son corps avait aimé, pas sa tête. Nuance. Pourquoi ? Il se lève, fait les cent pas dans son bureau. Une angoisse monte en lui. Quelque chose prend forme. Quelque chose d'ignoble. D'inconcevable. Non. Ridicule. Idiot. Et pourtant… Impossible de ne pas y songer. La guêpière. Pourquoi a-t-elle acheté ce truc ? L'a-t-elle déjà mis pour exciter un autre ? Que fait-elle de ses journées après tout ? Il ne s'y est jamais intéressé. Les enfants, la maison, son mi-temps… c'est tout ce qu'il sait. Et si elle avait rencontré quelqu'un aux éditions de l'Étain ? Un écrivain. Un intello. Un journaliste. Stéphane s'arrête devant la fenêtre, regarde les voitures rouler le long du quai d'Argelous. Son souffle rapide trace de petits nuages de buée sur la vitre. Pour la première fois en douze ans de bonheur tranquille, une interrogation surgit.

Et si Colombe le trompait ?
Ils sont au lit. Brusquement dans le noir, il dit :
– Est-ce que tu m'as déjà trompé ?
Colombe ouvre un œil, elle dormait presque.
– Quoi ? balbutie-t-elle.
Stéphane répète sa question. Colombe, stupéfaite, ne dit rien pendant quelques secondes. Puis, elle allume la lumière, se retourne, le regarde.
– Mais pourquoi me demandes-tu ça ?
– Réponds, s'il te plaît.
– Non, dit Colombe. Je ne t'ai jamais trompé.
Ses yeux sont francs, doux.
Silence.
– Et toi ? demande-t-elle enfin.
Stéphane éteint la lumière. C'est plus facile de mentir dans le noir.
– Moi non plus.

Tatiana de Rosnay, *Le Voisin*, Le livre de poche, 2010.

DENYS ARCAND
(Réalisateur, scénariste et acteur)

Le côté féminin du cow-boy

À la campagne, j'ai un vieux cow-boy que je fais venir une fois par semaine pour me secouer le sapin. Sauf que là, on est brouillés. Moi, je ne comprendrai jamais les hommes ! Toute ma vie, j'ai eu affaire à des lâches qui ne pensaient qu'à s'enfuir, après avoir assouvi sur moi leurs bas instincts. Alors, l'autre jour, croyant lui faire plaisir, je dis à mon vieux cow-boy : « Hey, c'est quand même formidable à notre âge de vivre une histoire de cul ! »

Le voici tout fâché : il me dit qu'il ne veut pas être un homme objet, il me parle de son vécu masculin, il évoque l'absence du père, il dit qu'il veut exprimer le côté féminin de son moi, c'était in-sup-por-ta-ble ! La dernière chose dont j'ai envie moi, c'est d'un être sensible à la queue molle. Moi, je veux qu'on me saute fermement, et puis c'est tout. La sensibilité et l'intelligence, j'en ai pour deux…

D'après *Les Invasions barbares*, un film de Denys Arcand, 2003.

PASCAL BRUCKNER

(Écrivain et essayiste)

Pénis, dis-moi combien tu mesures...

AVIS À TOUS LES ANXIEUX
LA TAILLE DU PÉNIS N'A AUCUNE IMPORTANCE

Les érections masculines normales varient de 15 à 17 centimètres. Mais il est parfaitement ridicule de se sentir psychologiquement diminué si son propre pénis n'atteint, tout déplié, que 12 ou 13 centimètres. Répétons que la dimension de l'objet importe beaucoup moins que l'usage qu'on en fait. Et donc, il n'est d'aucune gravité que l'organe érigé ne dépasse pas 8 ou 9 centimètres (ce qui est encore très honorable), et encore moins d'alarme à avoir si votre verge gonflée ne mesure que 5 centimètres ou 4 ou 3 ou 2. Et si votre pénis ne dépasse pas 50 millimètres ou 1 centimètre, alors là sa taille n'a plus mais vraiment plus aucune importance.

Pascal Bruckner, *Le Nouveau Désordre amoureux* (1977),
Seuil, coll. « Points », 1997.

Orange mécanique,
un film de Stanley Kubrick,
1971.

BÉNABAR
(Chanteur)

Les petites lâchetés

JE SUIS DE CELLES

Tiens, qu'est-ce que tu fais là ?
C'est moi, c'est Nathalie
Quoi tu me reconnais pas ?
Mais si

On était ensemble au lycée
C'est vrai, j'ai changé
J'ai des enfants, un mari
Bah quoi, t'as l'air surpris

J'étais pas destinée
À une vie bien rangée
J'étais perdue
Mon mari m'a trouvée

J'étais de celles
Qui disent jamais non
Les « Marie couche-toi là »
Dont on oublie le nom

J'étais pas la jolie
Moi, j'étais sa copine
Celle qu'on voit à peine
Qu'on appelle Machine

J'avais deux ans de plus
Peut-être deux ans de trop
Et j'aimais les garçons
Peut-être un peu trop

Bien sûr, vous aviez eu
Des dizaines de conquêtes
Que personnes n'avaient vues
Toujours pendant les fêtes

Pour beaucoup d'entre vous
Je suis la première fois
De celles qui comptent
Mais pas tant que ça

Je n'étais pas de celles
À qui l'on fait la cour
Moi, j'étais de celles
Qui sont déjà d'accord

Vous veniez chez moi
Mais dès le lendemain
Vous refusiez en public
De me tenir la main

Quand vous m'embrassiez
À l'abri des regards
Je savais pourquoi
Pour pas qu'on puisse nous voir

Alors je fermais les yeux
À m'en fendre les paupières
Pendant que pour guetter
Vous les gardiez ouverts

Je me répétais :
« Faut pas que je m'attache »
Vous vous pensiez :
« Il faut pas que ça se sache »

Mais une fois dans mes bras
Vos murmures essoufflés
C'est à moi, rien qu'à moi
Qu'ils étaient destinés

Enlacée contre vous
À respirer vos cheveux
Je le sais, je l'affirme
Vous m'aimiez un peu

Miss.Tic, à Arles.

Certaines tombent amoureuses
C'est pur, ça les élève
Moi, je tombais amoureuse
Comme on tombe d'une chaise

Et gonflés de l'avoir fait
Vous donniez conférence
Une souris qu'on dissèque
Mon corps pour la science

Je nourrissais
Vos blagues de caserne
Que vous pensiez viriles
Petits hommes des cavernes

D'avoir pour moi
Un seul mot de tendresse
Vous apparaissait
Comme la pire des faiblesses

Vous les fiers à bras
Vous parliez en experts
Oubliant que dans mes bras
Vous faisiez moins les fiers

Et les autres filles
Perfides petites saintes
M'auraient tondu les cheveux
À une autre époque

Celles qui ont l'habitude
Qu'on les cajole
Ignorent la solitude
Que rien ne console

Vous veniez chez moi
Mais dès le lendemain
Vous refusiez en public
De me tenir la main.

Bénabar, *Les Risques du métier*,
Universal Music Publishing, 2003.

GUILLAUME APOLLINAIRE

(Poète et écrivain)

Hommage aux culs de toutes les nationalités

Ce fut un étalage admirable de culs de toutes les nationalités car ce bordel modèle possédait des putains de toutes races. Le cul en forme de poire de la Frisonne contrastait avec les culs rebondis des Parisiennes, les fesses merveilleuses des Anglaises, les postérieurs carrés des Scandinaves et les culs tombants des Catalanes.

Guillaume Apollinaire,
Les Onze Mille Verges, 1907.

Raoul Hausman,
Sans titre, 1931-1934.

ROMAIN GARY
(Écrivain)

Sauvons l'honneur…

Combien d'hommes quittent une femme « trop exigeante » uniquement pour « sauver l'honneur », c'est-à-dire par lâcheté, parce qu'ils sont conscients de leur insuffisance et sentent le moment où ils vont être découverts ? Combien d'hommes « se détachent » ainsi parce qu'ils n'ont plus de quoi tenir et que l'on croit « gros consommateurs » alors qu'il leur faut une variété pour éveiller leurs petits besoins ? Le « tableau de chasse » est toujours fait d'insécurité. Ce « elle ne me fait plus bander » qui fait passer si élégamment l'infériorité sur la femme et la laisse culpabilisée, convaincue qu'elle n'est pas à la hauteur, qu'elle n'est pas assez « érotique », assez « bandante », est une phrase typique de ces maîtres de cheptel qui ne cache en réalité qu'une limace qu'ils ont le plus grand mal à faire dégorger. Et combien de fois ai-je entendu qualifier de « frigides » des femmes parce qu'elles n'ont pas un orgasme d'homme, mais chez qui la volupté est d'une qualité tout autre, « en palier », d'une continuité merveilleuse et qui ne finit qu'avec l'homme lui-même, si bien que celui-ci est hors d'état de leur tenir compagnie tout le long du chemin ? Si j'étais soucieux de ma réputation, je quitterais Laura et plus tard, lorsqu'elle sera bien vieille le soir à la chandelle, assise au coin du feu, devisant et filant, elle se souviendra du temps qu'elle était belle et murmurera : « À soixante ans, c'était encore un amant magnifique… » Qu'il est donc facile, en changeant souvent de femme et en se dérobant à temps, de se faire une image de marque !

Romain Gary, *Au-delà de cette limite, votre ticket n'est plus valable* (1975), Gallimard, coll. « Folio », 2010.

La libération des femmes a chamboulé la sexualité, pour le **bonheur** des deux partenaires. Mais elle ne se traduit pas automatiquement par un désir **sans faille** et une jouissance **sans entraves**. Les tabous sont encore nombreux à peser sur les épaules des femmes.

2

FEMMES **LIBRES** = FEMMES **LIBÉRÉES ?**

Des femmes vivantes, désirantes

La sexualité des femmes a subi une véritable révolution, pas question ici de faire la fine bouche. Le triste mot de devoir conjugal, qui révélait à lui seul la misère sexuelle féminine, a disparu du vocabulaire. La philosophe Simone de Beauvoir a, la première, dénoncé des siècles de patriarcat dans son livre *Le Deuxième Sexe*, paru en 1949. Elle y démontre magistralement, textes à l'appui, que les femmes, considérées depuis toujours comme le sexe faible, sont souvent objet de mépris de la part des hommes, seule la mère trouvant grâce à leurs yeux. L'ouvrage fait l'effet d'une bombe : des maris interdisent à leur femme de le lire, et certains cafetiers baissent le son quand l'auteur parle à la radio... Même Albert Camus l'accuse de ridiculiser le mâle français. Mais le livre fait malgré tout son

travail d'éclaireur et permet probablement d'ouvrir le chemin à la révolution des femmes dans les années 1970, laquelle a apporté un vent de liberté inimaginable pour leurs mères et leurs grands-mères. L'arrivée de la pilule leur a permis d'avoir en toute tranquillité une vie sexuelle sans peur d'une grossesse, qui plus est en dehors des liens du mariage. Quel plaisir de voir ces femmes découvrir leur corps, parler ouvertement de leurs difficultés, échanger avec leurs amies, devenir complices de leur compagnon ! La parole s'est libérée petit à petit, la sexualité féminine s'est épanouie pas à pas, les résultats de la grande enquête sur la sexualité en France, publiée en 2008, permet de mesurer les pas de géants effectués dans le domaine. Même si elles en ont toujours moins que les hommes, le nombre de femmes qui déclarent n'avoir eu qu'un seul partenaire a baissé de moitié en presque quarante ans – 68 % en 1970, 34 % en 2006. Évolution encore du côté du premier rapport sexuel, de deux ans après les hommes dans les années 1950, il se situe désormais vers dix-sept ans, pour les deux sexes. Quant aux pratiques sexuelles, les femmes sont de plus en plus nombreuses à apprécier les variantes, à goûter à la fellation, à essayer la sodomie…

De la tentation à l'action

Tout n'est pas pour autant merveilleux dans l'univers sexuel féminin. Beaucoup de femmes se questionnent, aimeraient bien avoir une sexualité plus affranchie, mais ont une attitude de retenue, comme en attestent les témoignages sur le site secondsexe.com, relayés par Sophie Bramly : « Ces femmes n'osent pas faire, elles n'osent même pas imaginer certaines choses. Or, derrière ce verbe oser, derrière cette audace qu'elles n'ont pas (encore), il y a en filigrane le meilleur moteur qui soit : la tentation. » La liberté de parole ne se traduit pas toujours dans les faits. La pilule n'a pas non plus réglé toutes les ambivalences, loin de là. Une fois la peur de la grossesse envolée, naissent d'autres craintes, souvent plus enfouies, plus inconscientes. Ainsi, certaines femmes ne peuvent avoir du plaisir que lorsqu'elles le lient à la possibilité éventuelle d'avoir un enfant, bien qu'elles n'en veuillent pas dans leur vie. Les mots crus qui les excitent le plus sont : « Je vais te faire un enfant », même prononcés par un compagnon d'un soir. Une phrase qui en fait trembler plus d'une à tort car il s'agit d'un pur fantasme... Reste encore la place de leur désir, plus fluctuant, plus fragile que le désir masculin. Or, sous prétexte d'égalité, les femmes se sentent obligées de se comporter comme leur partenaire, sans y trouver toujours de la satisfaction. Et là, plus question d'invoquer la mauvaise période, la migraine, parades de leurs ancêtres. Les femmes ont découvert qu'il ne suffit pas d'avoir la permission de faire l'amour sans contrainte pour en avoir envie et s'autoriser à le faire. Avec la libération, elles sont devenues également actrices et responsables de leur sexualité, un engagement qui tarde encore à se mettre en place.

C'est à l'homme de tout savoir!

« Il n'y a pas de femmes frigides, il n'y a que des hommes maladroits... », dit l'adage le plus faux de toute l'histoire de la sexualité ! Il faut savoir qu'une femme passive a rarement du plaisir. Or, beaucoup se mettent dans la position de la princesse charmante attendant d'être éveillée à son plaisir par un homme expérimenté. Le problème est que certaines attendent encore... Pour l'homme aussi, nous l'avons vu plus haut, il est assez déstabilisant de se dire qu'il est seul à devoir trouver le mode d'emploi... D'où vient l'idée qu'un homme est compétent de fait, qu'il n'a rien à apprendre ? Dans n'importe quel domaine de la vie, il y a toujours matière à progresser.

Mais si sa femme le remet sans arrêt en question, la seule façon pour l'homme de lui montrer qu'il est compétent sera peut-être de lui être infidèle. Pas très performant comme résultat... D'ailleurs, croire qu'il y a un savoir définitif, voilà l'erreur, côté masculin et féminin. Toute nouvelle relation sexuelle doit faire la place à la découverte, à l'harmonie de deux désirs, celui de l'homme comme celui de la femme. Un manque d'implication féminine ? Une femme confessait sur le net que lorsqu'elle s'ennuyait au lit, elle s'imaginait en train de faire ses courses au supermarché. Plus elle s'ennuyait, plus le caddie se remplissait, plus elle pensait avoir la preuve que cet homme ne l'intéressait pas. Mais pour que la relation sexuelle soit satisfaisante, il faut une implication des deux acteurs dans la pièce. Si l'un reste en coulisse, le jeu s'arrête. Désormais, hommes et femmes sont responsables de leur sexualité, de leur plaisir. C'est moins facile pour les femmes, mais plus réjouissant: si elles voulaient, elles pourraient.

Connaître son corps

La masturbation féminine reste encore taboue, et les femmes sont beaucoup moins nombreuses que les hommes à se procurer elles-mêmes du plaisir. Sont-elles plus sensibles qu'eux aux tabous religieux? Nous évoquions plus haut que la masturbation est toujours interdite par l'Église, et classée au même rang que la pédophilie et l'euthanasie! Il existe un monde à deux vitesses entre les femmes adeptes du *sex toy* et celles qui pouffent d'horreur en assénant, offusquées: « Moi? Jamais! » Si l'on regarde du côté des chiffres, 90% des garçons se masturbent à l'adolescence, pour seulement 60% de filles, la majorité de femmes ne commençant à se masturber qu'après trente/trente-cinq ans, comme s'il fallait qu'elles aient déjà une certaine maturité pour s'affranchir de la morale. Se donner du plaisir est pourtant une excellente façon d'entretenir son désir, qui aide la femme à se sentir vivante, qu'elle soit seule ou en couple. « Le désir est un foyer à entretenir avec vigilance: en alimentant la braise, le feu brûle toujours. Mais si on laisse la braise s'éteindre, il n'y a plus de feu. Il faut alors tout reprendre à zéro, tout rallumer, ce qui est beaucoup plus hasardeux, voire long et incertain. »[1] Conséquence de ce manque de pratique? Une moindre connaissance de son corps, de son fonctionnement, d'où une plus grande passivité dans l'acte sexuel et une difficulté à orienter les gestes de son partenaire pour une relation satisfaisante pour elle. L'expression des désirs de la femme auprès de son compagnon en matière sexuelle est encore plus taboue que la masturbation. Là encore, on assiste à un grand écart entre celles qui donnent un plan de route détaillé pour les conduire à l'orgasme et celles qui craignent de froisser leur compagnon, voire de passer pour une dévergondée si elles émettaient une préférence sexuelle.

1. Sophie Bramly, *op.cit.*

Le sexe des femmes, cet inconnu

Mais la passivité des femmes n'est pas le seul facteur dans la méconnaissance de leur sexe, comme le montre la gynécologue obstétricienne Odile Buisson dans *Qui a peur du point G ?*[2] L'ouvrage est éloquent sur l'ignorance de l'anatomie féminine, à commencer par le corps médical lui-même ! Alors que le sexe masculin a fait l'objet de nombreuses études scientifiques, son homologue féminin n'a jamais vraiment intéressé les chercheurs. Elle s'est donc lancée dans une étude approfondie, à l'aide d'échographie du clitoris de collègues et amies qui voulaient bien se prêter au jeu. Le résultat ? Elle a découvert que le clitoris était un organe très mobile au-delà du petit gland visible au sommet de la vulve. Le corps du clitoris est en fait long de 15 cm et forme comme un U renversé de part et d'autre des parois vaginales. Il se gorge de sang sous l'impulsion de l'excitation sexuelle. Le plaisir féminin dépend de manifestations physiologiques réelles et peut donc, tout comme le pénis, connaître des dysfonctionnements purement physiologiques. Malheureusement, alors que les laboratoires dépensent des fortunes pour analyser les troubles érectiles, ces derniers sont peu enclins à porter leur effort sur le clitoris. Pourquoi ce désintérêt ? Parce qu'il est admis depuis des siècles que la jouissance féminine dépend essentiellement de la tête, et non du corps. Parce que, d'après cette spécialiste, les équipes de chercheurs sont dirigées par des hommes, peu préoccupés par le sujet. C'est donc aujourd'hui tout un champ d'exploration qui s'ouvre… et les découvertes n'en sont qu'à leurs balbutiements.

Pourtant, l'intérêt d'aller plus loin dans les connaissances des réactions physiques des femmes est de pouvoir utiliser tous les moyens, y compris médicamenteux, pour renforcer l'aspect physiologique de la jouissance, même si cela n'exclut pas l'intérêt du soutien psychologique. Il n'y a aucune raison que seuls les hommes bénéficient de ces aides.

2.Odile Buisson, *Qui a peur du point G ? Le plaisir féminin, une angoisse masculine*, Jean-Claude Gawsewitch, 2011.

La peur de passer pour une «salope»

On pensait que la libération sexuelle bannirait définitivement ce terme pour désigner une femme qui aime le sexe – désignation qui n'a d'ailleurs pas d'équivalent masculin –, mais nous sommes encore loin du compte. Malgré l'évolution des mentalités, cette différence persiste: un homme qui multiplie les conquêtes est un don juan, une femme qui se comporte de la même façon est une « salope ». Les femmes qui affichent une liberté de ton effraient les hommes, au point que certains en perdent la mesure. Dans son étude sur les sites de rencontres déjà citée, le sociologue Jean-Claude Kaufmann en a été sidéré: quand les hommes sont à la recherche d'une relation durable, le discours d'une femme libre déclenche chez eux des avalanches d'insultes sur le Net. « La femme libre dont il rêvait naguère prend soudainement un visage bien différent. Elle devient repoussante, objet d'une stigmatisation brutale. Elle est une "pute", une "salope". Tout le poids de siècles et de siècles d'interdits sexuels discriminant les femmes s'abat insidieusement sur les épaules de celles qui se pensaient émancipées, égales en tous domaines. » Les femmes réagissent violemment, et en propos crus à ces réactions masculines, comme Lisa sur un forum de discussion: «Ah, quel con celui-là! Mais dis-moi, et lui? Il est quoi dans l'histoire? C'est plutôt lui le salopard, pas toi. Gros con ce mec et grande gueule en plus. Tu avais qu'à dire à ses copains qu'il avait une petite quéquette et que c'était un mauvais coup en plus. »

Répliques vengeresses qui sont loin de régler le problème. D'autres femmes encore se le tiennent pour dit, et refoulent l'expression de leur désir. Comment se fait-il qu'en ce début de XXIe siècle les femmes pensent encore qu'elles doivent maîtriser leurs appétits sexuels pour se faire respecter?

Savoir rester dans la bulle du sexuel...

Cela dit, la notion d'égalité se complique quand on pénètre dans le monde du fantasme, dans le jeu sexuel. Il faut savoir que traiter sa partenaire de « salope », de « pute », stimule beaucoup d'hommes, les faisant passer du degré zéro de l'excitation à dix. Les femmes ont beaucoup de mal à l'entendre, même les plus à l'aise sur le plan sexuel. Pourtant, ce qui excite chacun de nous est vraiment mystérieux. Pour sortir de cette impasse, il faut être conscient que le rapport sexuel est une bulle, quand il est fini on la referme, et l'homme qui traitait sa compagne de « petite pute » une minute plus tôt peut très bien lui demander gentiment : « Chérie, est-ce que tu veux un café ? » Le couple qui s'entend bien est capable de passer d'un registre à l'autre sans se sentir malmené, ni remis en question. L'homme doit vraiment apprendre à respecter cette bulle, à ne pas franchir les frontières, ce qu'il a parfois tendance à faire, d'autant que notre société hyper sexualisée les rend plus floues...

Photographie de Jean-Lionel Dias, 2008.

Le syndrome de la Vierge Marie

À l'opposé de la salope, se trouve la Vierge Marie. Le mythe de la femme qui, une fois devenue mère, n'a plus de sexualité a encore de nombreux adeptes. Nous avons vu que certains hommes ont du mal à avoir une vie sexuelle avec la mère de leurs enfants, mais la femme devenue mère peut elle aussi se ranger dans la catégorie des intouchables. Parfois, il s'agit de femmes qui ont eu une vie sexuelle des plus débridées, et rentrent dans le rang dès qu'elles entrent en maternité, comme on entre dans les ordres. Pour elles, la fête est finie, leur progéniture devenant leur seule priorité. Cette attitude a des conséquences redoutables, en premier lieu pour les enfants, à qui leur mère sacrifie sa vie de femme. Misant toute son énergie sur eux, la femme attend d'eux un retour sur investissement, ne laissant pas ou peu de place au père. Sa vie sexuelle, devenue un désert, met en péril le couple. Après tant de combats, comment expliquer cette résistance, ce retour en arrière ? N'enfourchons-nous pas une fois de plus le même train que la société américaine ? Actuellement, la thèse de la sociologue Sandy Burchsed fait fureur de l'autre côté de l'Atlantique. Selon cette spécialiste, nous allons tous passer par quatre vies de couple bien distinctes : la première incarnera l'apprentissage amoureux et sexuel, la deuxième sera centrée sur la vie de famille, la troisième incarnera celle de l'épanouissement personnel, de l'indépendance, quand les enfants quittent le nid. La quatrième enfin, basée sur l'empathie, viendra clore notre itinéraire amoureux, le partage spirituel devenant le véritable ciment de la relation. Selon ce schéma, la deuxième vie de couple est donc consacrée à la vie parentale. Le partenaire est choisi pour son côté protecteur, solide, sa capacité à être un bon père, la vie sexuelle se retrouvant reléguée au deuxième, voire au troisième plan, dans son parcours, pour ne pas dire sa carrière, de femme. L'ennui, c'est que cette absence de sexualité pendant des années laisse des traces et fragilise la poursuite de la vie commune. Si l'homme est lui aussi empêtré dans la difficulté de faire l'amour avec la mère de ses enfants, le couple va fonctionner ainsi jusqu'à ce que l'un des deux tombe sur un homme ou une femme qui va réveiller en lui l'être sexué.

À quarante ans, la femme, rassurée d'avoir eu des enfants, ira sur Copains d'avant retrouver son amour de jeunesse, ou sur un site de rencontres pour chercher un nouvel amant. Ce faisant, elle trouve une solution sociologique à un problème purement psychologique, à savoir l'impossibilité de faire l'amour avec un partenaire qui connote trop le couple parental. Comment éviter cette impasse ? Prendre déjà conscience de cet immense risque pour le couple permettra de garder un regard sexué sur son partenaire. Il est impératif d'éviter de s'appeler papa et maman, véritable tombeau du sexuel, ce qui est beaucoup plus fréquent qu'on ne le pense ! Il faut s'appliquer à installer et cultiver une sorte de réflexe conditionné pour intégrer l'autre dans un schéma hors du paternel et du maternel. Désormais, les femmes, mais aussi de plus en plus d'hommes, sont tellement obsédés à l'idée d'être de bons parents qu'ils délaissent leur rôle d'amants. Insistons sur le fait que les enfants ont besoin de grandir au sein d'un couple qui valorise la sexualité : c'est bon pour leur autonomie – ils réalisent ainsi qu'ils ne sont pas tout pour papa et maman. C'est bon aussi pour leur équilibre et leur sexualité future.

Je ne suis pas une femme-objet !

Tout comme la peur de ne pas être à la hauteur hante l'homme, la peur d'être interchangeable hante les femmes. D'où vient cette crainte ? Probablement de l'époque où elles n'étaient effectivement que des objets de troc entre les hommes, passant du père au mari, sans avoir d'avis à émettre. La femme veut être désirée pour elle-même : pas pour ses fesses, ses seins, mais pour elle, tout entière. Elle craint souvent que son compagnon ait une érection dont elle n'est pas à l'origine, le pire étant de penser qu'une autre femme pourrait tout aussi bien faire l'affaire... Il existe là un grand malentendu entre les sexes, le cas des érections matinales étant sur le sujet éclairant. Bon nombre de femmes voient dans la demande de leur compagnon de faire l'amour à ce moment-là un simple besoin physiologique de décharger une tension, et non une véritable envie de faire l'amour avec elles. Elles lui reprochent en fait d'avoir des érections spontanées et incontrôlables, ayant pour leur part souvent plus de difficultés à mobiliser leur propre désir. Selon la

René Magritte,
L'Évidence éternelle, 1948.

sexologue Ghislaine Paris : « Le meilleur moyen pour une femme de ne pas devenir un objet sexuel ? Devenir un sujet à part entière de son désir. Et être un sujet ne dépend que de soi, de la façon dont on se perçoit, dont on se positionne, dont on agit. Contrairement à ce que de nombreuses femmes pensent, plus elles restent sur la défensive, plus elles alimentent une position d'objet. »[3]

Jouir, sinon rien !

D'autres contraintes empêchent encore la femme de jouir en toute liberté. Si les hommes ont aujourd'hui le devoir de procurer un orgasme à leur compagne à chaque rapport, celle-ci se sent désormais obligée de grimper systématiquement au septième ciel. Il y a encore quelques années, une femme qui n'avait pas d'orgasme ne s'inquiétait pas outre mesure, et si elle avait eu du plaisir quand même, elle ne se sentait pas frustrée. Mais l'ambiance a changé : la femme qui ne crie pas son paroxysme s'inquiète, et inquiète son partenaire. Aujourd'hui, il n'est pas rare de voir des femmes de plus de soixante-dix ans consulter parce que l'orgasme a plus de mal à venir qu'avant. Elles viennent demander une prescription médicale, comme si seul un médicament pouvait régler le problème, à la façon du Viagra pour l'homme, demandes inexistantes il y a dix ans. On pourrait se réjouir d'une telle évolution si elle ne cachait pas une pression qui se résume ainsi : en allant au lit, il faut absolument que je jouisse. Est-ce que tu jouis à chaque fois ? Non ? L'évaluation de la relation tient essentiellement à l'orgasme. Tout ce qui pourrait donner de la hauteur à ces femmes d'expérience est ramené à zéro par une recherche de performance négative qui gâche tout. Et si, par malheur pour lui, l'homme ne jouit pas, la plupart des femmes le vivent très mal et grondent que c'est insupportable. Rappelons que se sentir sous surveillance ou se mettre en position de spectateur est très contre-productif dans le domaine sexuel. Comme le clame malicieusement Sophie Bramly dans son livre, il faudrait pouvoir dire avec elle : « L'orgasme, on s'en fout ! » pour éviter de créer des problèmes là où il n'y en a pas.

3. *Faites l'amour pour éviter la guerre*, *op.cit.*

Le poids des apparences

Notre époque a l'œil fixé sur la balance et cette tyrannie de la minceur et du corps parfait malmène la sexualité des femmes. Comment se fait-il que la plus grande terreur des femmes soit de grossir, quels que soient leur poids, leur âge, leurs conditions sociales ? Pour rester dans les canons édictés par notre époque, les femmes sont capables de tout : de s'affamer, de boire du vinaigre, de passer sur la table d'opération. Mais la jouissance réclame un lâcher-prise qui nécessite d'être à l'aise dans son corps, même imparfait ; elle s'acclimate mal d'un contrôle excessif et permanent. Heureusement, certains hommes ont l'art de rassurer leur compagne. « Tu as vu ma cellulite ? », se désolait l'une d'entre elles devant son amant. Et celui-ci de lui répondre joliment : « Arrête, tu m'excites »… Ce qu'il entend par là ? Leur connivence et, au-delà, qu'il se moque bien de sa peau d'orange, qu'il trouve par ailleurs si douce. Encore une différence entre les deux sexes : un homme peut ne pas être satisfait de ses poignées d'amour ou de son ventre un peu proéminent, mais, dès qu'il est au lit, c'est le cadet de ses soucis, excepté peut-être les accros du bodybuilding. Dans ce cas, et si les deux partenaires sont dans cette logique, ils vont passer la nuit à scruter leurs grammes en trop au lieu de profiter pleinement l'un de l'autre. Enfin, certaines femmes se contentent d'en rester au stade de la séduction : elles sont minces, bien habillées, aguichantes, mais dès qu'il s'agit d'aller au lit avec un homme, elles changent aussitôt de trottoir. Comme le souligne justement Élisabeth Badinter : les hommes sont obsédés par leurs performances, les femmes par leur apparence, ce qui n'est jamais bon dans la sexualité.

EVE ENSLER

(Dramaturge et féministe américaine)

L'homme qui aimait les vagins

Je vais vous raconter comment j'ai réussi à aimer mon vagin. C'est un peu embarrassant parce que ce n'est pas très politiquement correct. Si vous voulez, je sais que ça aurait dû m'arriver dans un bain parfumé avec des grains de sel venant de la mer Morte, de la musique indienne en fond sonore, et moi tombant amoureuse de ma « féminitude ». Je connais la chanson. Les vagins sont beaux. Notre haine de nous-mêmes n'est que la haine et le rejet de notre culture patriarcale. Que tout ça n'est qu'une idée. « Il faut vivre en communion avec son sexe. » Je sais tout ça. C'est un peu comme si nous avions été élevées dans un monde où on nous aurait dit que les grosses cuisses sont belles et que nous avions passé notre temps à engloutir des glaces et gâteaux à la crème, en restant au lit toute la journée à ne rien faire et à regarder nos cuisses se remplir de cellulite. Malheureusement, nous n'avons pas grandi dans cette culture-là. Je haïssais mes cuisses et je haïssais mon vagin encore plus. Je le trouvais absolument horrible. [...]

Et j'ai rencontré Paul. Paul était le type le plus ordinaire de tous ceux que j'ai rencontrés. Il était grand et maigre, sans signe particulier, et il portait des vêtements kaki. Paul n'aimait pas la cuisine épicée. La lingerie sexy ne l'intéressait absolument pas. En été, il passait son temps à l'ombre. Il ne faisait jamais part de ses sentiments. Il n'avait pas de problème, pas de passion. Il n'était même pas alcoolique. Il n'était pas drôle, ni intéressant, ni mystérieux. Il n'était pas riche, il n'était pas pauvre. Il n'était pas introverti, il n'était pas charismatique. Il ne conduisait pas vite. Pour être tout à fait honnête, Paul n'était pas du tout mon type d'homme. Je ne l'aurais absolument pas remarqué si je n'avais pas laissé tomber ma monnaie chez l'épicier. Il m'a aidée à ramasser les pièces et quand sa main a touché la mienne accidentellement, il s'est passé quelque chose. Je me suis retrouvée au lit avec lui. Et c'est là que le miracle a eu lieu.

Il s'est trouvé que Paul aimait les vagins. C'est un connaisseur. Il aimait leur toucher, il aimait leur saveur, il aimait leur odeur, mais par dessus tout, il aimait les regarder. Il fallait qu'il les regarde. La première fois que nous avons fait l'amour, il m'a dit qu'il fallait qu'il me regarde. [...]

Paul a regardé pendant presque une heure comme s'il étudiait une carte, comme s'il observait la lune, comme s'il regardait dans les yeux, sauf que c'était mon vagin. Dans la lumière, je le regardais me regarder et il avait l'air tellement excité, tellement serein et tellement euphorique, que je me suis sentie moi-même toute mouillée, toute tourneboulée. J'ai commencé à me voir comme il me voyait. Je me suis sentie belle, délectable – comme une œuvre d'art ou une chute d'eau. Paul n'avait pas peur. Il n'était pas dégoûté. J'ai commencé à me sentir importante, à me sentir fière. J'ai commencé à aimer mon vagin...

Eve Ensler, *Les Monologues du vagin*, Denoël, 2005.

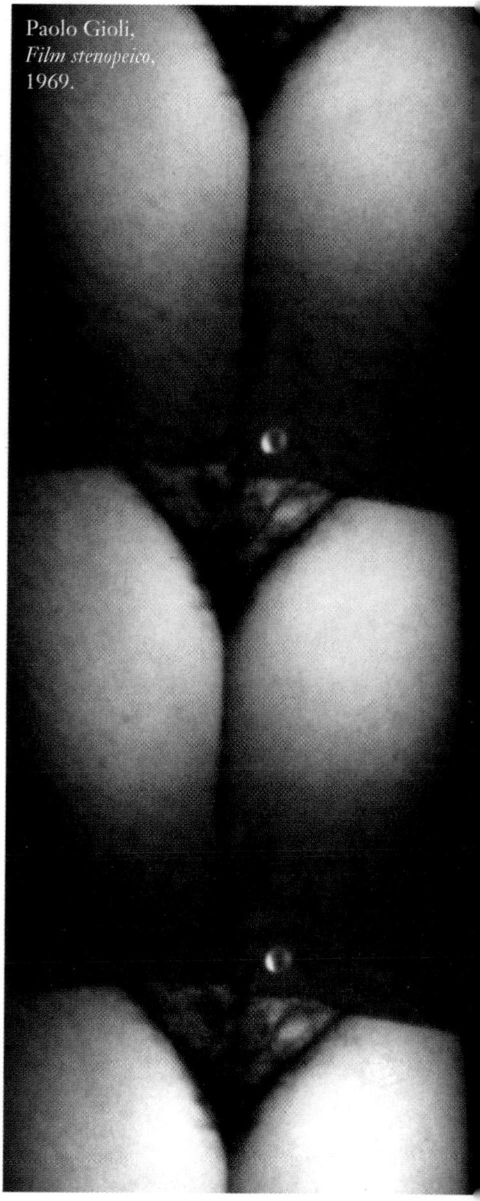
Paolo Gioli, *Film stenopeico*, 1969.

GIULIA SISSA

(Chercheuse au CNRS et professeur à UCLA, en Californie)

Vorrei e non vorrei

Une femme, nous pouvons maintenant l'affirmer, est capable de tout perdre parce qu'elle est également capable de vouloir tout. Et cela non pas dans la réflexion philosophique, mais au théâtre. Médée fait valoir son désir dans le choix d'un homme : nous pouvons certainement l'associer à d'autres figures tragiques, telles que Phèdre dans l'*Hippolyte* d'Euripide, ou encore les Danaïdes, dans la pièce d'Eschyle. Les filles de Danaos sont des femmes qui refusent le mariage, en déclarant leur droit d'acquérir les maris qu'elles veulent. Dans un beau fragment de Sapho, Hélène est célébrée comme l'exemple le plus splendide du relativisme esthétique et amoureux. Qu'est-ce qui est la chose la plus belle ? demande la poétesse. « Ce que nous aimons », répond-elle. Voyez Hélène, une femme qui avait tout : gloire, richesse et l'homme le plus excellent de la Grèce entière. Et pourtant, elle a voulu suivre un autre homme et son désir l'a amenée ailleurs. Nous verrons comment l'imagination grecque a travaillé le personnage qui attend le retour de son mari parti en guerre : c'est la position typique de la femme qui désire et doit décider de suivre son désir.

Le lecteur pourrait objecter qu'Hélène, Phèdre et Médée sont des caractères voués à l'excès. Ils obéissent aux conventions du genre tragique et de ses transgressions hyperboliques. […] Concédons ceci et voyons si nous pouvons trouver une figure féminine plus douce et plus discrète, peut-être même indifférente à la sensualité. Nous irons la chercher dans le monde homérique, qui est un monde lointain, mais toujours présent à l'horizon culturel des Athéniens, un monde où les mortels font l'amour avec les Olympiens, le monde d'où provient le Zeus hypnotisé par Aphrodite. Partons donc en relisant *L'Odyssée*, à Ithaque, chez Pénélope. Nous verrons si au moins elle, la plus dévouée des femmes, est inerte et imperturbable.

Pénélope est une épouse ; elle est même l'Épouse. Elle représente la légitimité, la fidélité, la patience. Elle arbore une vertu matrimoniale qui saute aux yeux de n'importe quel lecteur de *L'Odyssée*. La façon dont elle remplit le temps de l'attente – le tissage d'une toile qu'elle fait et défait, sans fin – est un signe de dévotion et de chasteté inépuisables. Sans doute n'apprécie-t-elle pas le spectacle de ce banquet également interminable auquel tant de jeunes hommes, beaux et riches, passent leurs jours, dans l'espoir d'obtenir sa main. L'épouse d'Ulysse est le contraire de l'épouse d'Agamemnon : une parfaite anti-Clytemnestre.

Pourtant, tous les personnages dans *L'Odyssée*, y compris Ulysse, savent que Pénélope est incertaine dès le début du poème – et jusqu'à la fin. Elle est tentée. Elle est déchirée entre deux futurs possibles, et elle hésite, prend son temps. Avec la Zerlina du *Don Giovanni* de Mozart [...] elle pourrait chanter : « *Vorrei e non vorrei, mi trema un poco il cor...* », je voudrais, je ne voudrais point, le cœur m'en tremble... Dans la langue d'Homère, elle admet sans honte : « Ainsi, mon esprit est divisé et prend une direction, puis une autre. Est-ce que je dois rester ici auprès de mon fils et maintenir tout dans l'ordre, ma propriété, mes biens et ma grande maison, avec le lit de mon mari, et écouter l'opinion commune, ou bien suivre le meilleur de tous les Achéens qui viennent ici dans le palais, avec des cadeaux sans fin, pour obtenir ma main ? »

Bien qu'elle se soit gardée fidèle jusqu'au bout, elle aura temporisé pendant longtemps. D'ailleurs, la seule initiative qu'elle aura prise est d'avoir lancé un défi, de sorte que tous ses prétendants puissent exhiber leur puissance, en compétition les uns avec les autres. Le meilleur deviendrait son second mari. Un lecteur qui ignore la fin de l'histoire ne peut pas soupçonner que Pénélope prévoit leur échec collectif. Pénélope ne semble pas savoir qu'il y a un seul homme capable de bander l'arc énorme et solide, avec lequel elle met en lice ses prétendants. Certes, cette épreuve permettra à Ulysse, qui est revenu déguisé en vagabond, de faire éclater au grand jour son énergie exceptionnelle, mais le concours n'aura pas été orchestré afin de piéger les autres candidats. Lorsque Pénélope lance son défi, elle prévoit de faire son choix parmi les hommes qui viennent lui faire la cour. Elle suivra celui qui saura se montrer digne d'être comparé à son premier mari.

Giulia Sissa, *Sexe et sensualité. La Culture érotique des Anciens*, Odile Jacob, 2011.

COLETTE RENARD
(Chanteuse et actrice)

Ode au sexe féminin...

LES NUITS D'UNE DEMOISELLE

Que c'est bon d'être demoiselle
Car le soir dans mon petit lit
Quand l'étoile Vénus étincelle
Quand doucement tombe la nuit

Je me fais sucer la friandise
Je me fais caresser le gardon
Je me fais empeser la chemise
Je me fais picorer le bonbon

Je me fais frotter la péninsule
Je me fais béliner le joyau
Je me fais remplir le vestibule
Je me fais ramoner l'abricot

Je me fais farcir la mottelette
Je me fais couvrir le rigondonne
Je me fais gonfler la mouflette
Je me fais donner le picotin

Je me fais laminer l'écrevisse
Je me fais foyer le cœur fendu
Je me fais tailler la pelisse
Je me fais planter le mont velu

Je me fais briquer le casse-noisettes
Je me fais mamourer le bibelot
Je me fais sabrer la sucette
Je me fais reluire le berlingot

Je me fais gauler la mignardise
Je me fais rafraîchir le tison
Je me fais grossir la cerise
Je me fais nourrir le hérisson

Je me fais chevaucher la chosette
je me fais chatouiller le bijou
Je me fais bricoler la cliquette
Je me fais gâter le matou

Et vous me demanderez peut-être
Ce que je fais le jour durant
Oh ! Cela tient en peu de lettres
Le jour, je baise, tout simplement

Colette Renard,
Les Nuits d'une demoiselle, 1963.

CATHERINE BENSAÏD
(Psychiatre et psychanalyste)

Dis-moi que tu m'aimes

– Dis-moi que tu m'aimes.
– Je t'aime.
– Tu ne me le dis que parce que je te le demande.
– Tu me le demandes, je te le dis.
– Si je ne te le demandais pas, tu ne me le dirais pas ?
– Tu me le demandes sans cesse, comment pourrais-je te le dire sans que tu me le demandes ?
– Mais si je ne te le demande pas, tu ne me le dis pas.
– Cesse de me le demander, peut-être te le dirai-je.
– Si tu m'aimais, tu me le dirais. Tu ne m'aimes pas, dis-le.
– … Je ne sais plus quoi te dire…
– Je savais bien que tu ne m'aimais pas.

Catherine Bensaïd, *Histoires d'amour, histoires d'aimer* (1996), coll. « Pocket », 2007.

Rita Hayworth dans *La Dame de Shanghai*, un film d'Orson Welles, 1948.

JACQUELINE SCHAEFFER
(Psychanalyste)

Le vagin, cela n'existe pas

La femme a une double possibilité :

– celle d'une érogénéité d'organe, externe, fonctionnant davantage sur le modèle de l'orgasme masculin par érectilité et détumescence.

– Celle d'une érogénéité muqueuse, interne, diffuse, qui participe davantage au vécu de la jouissance.

Ce n'est pas pour opposer, comme au temps de Freud et de Marie Bonaparte, l'orgasme clitoridien et le vaginal, que j'avance cette distinction. Mais pour préciser que le plaisir, comme l'orgasme, restent au service de la liaison du retour dans le moi et du principe de constance. Tandis que *la jouissance*, pure passivité, est *déliaison*, *sortie hors du moi*, « ek-statis », perte des limites, « au delà du principe de plaisir » du moi.

La jouissance sexuelle est donc antagoniste à la visée de l'orgasme. Non pour une raison anatomique ou physiologique, mais parce qu'il s'agit d'un vécu (et non seulement d'un fantasme) de la démesure, de la perte de contrôle, et de l'élargissement des limites, qui m'apparaît être *l'expérience la plus proche* de ce que nous pouvons appréhender de *la pulsion* et de ses caractéristiques essentielles. À savoir : être une attaque interne, être *à la fois effractrice et nourricière*, se manifester par une poussée constante et avoir par nature, comme le disait Freud, de ne jamais être satisfaite, donc de continuer à « pousser ».

L'orgasme rassure le moi, puisque que la décharge permet le retour à l'ordre dans le moi, avec sa qualification de satisfaction. En revanche, le moi ne peut que haïr la jouissance, qui le rend démesurément « non maître en sa demeure ». Et pourtant, s'il en accepte le risque, il ne peut en ressortir qu'élargi, enrichi d'un accroissement de représentations affectées.

Je pense, comme D. Braunchweig et M. Fain, que le vagin « cela n'existe pas ». (On ne trouve, paraît-il jusqu'au XVIIe siècle, aucun mot pour le nommer, dans une langue vernaculaire.) Non qu'il soit ignoré, mais du fait que son érogénéité fait l'objet d'un *refoulement primaire*, qui ne peut être levé que par le pénis d'un homme et ceci lors de chaque acte sexuel. Il est donc l'objet d'une création.

Jacqueline Schaeffer, *Le Refus du féminin*, PUF, coll. « Épîtres », 1997.

SOPHIE CADALEN

(Psychanalyste et écrivain)

Des caricatures rassurantes

Nous sommes encore loin de la féminisation annoncée de notre société. Nous tenons à l'idée de natures sexuelles différentes, nous répugnons à les abandonner. Plus leur cohérence apparente est critiquée, plus leur analyse en démontre l'absurdité, plus nous cherchons à les conforter. Les rayons des librairies de sciences humaines sont pleins de « Pourquoi les hommes sont lâches », « Pourquoi les femmes ne savent pas lire les cartes routières »… Le succès du best seller *Les hommes viennent de Mars, les femmes viennent de Vénus* démontre que ces systématismes nous conviennent en dépit de leurs inconvénients.

Hommes et femmes n'y sont pourtant pas décrits de façon flatteuse. Ils y dépendent des mécanismes, de biorythmes et de fluides déterminés par leur configuration génitale qui les agitent comme des pantins. On les invite non à y échapper, mais à les comprendre pour mieux les accepter. Nos amours et nos couples sont condamnés à la frustration, condamnés aux incompatibilités de nos natures.

Nous préférons cette résignation à l'ordre de la nature, plutôt que d'accepter les incontournables incompréhensions entre deux êtres, quel que soit leur sexe. Des incompréhensions induites par nos subjectivités, nos imaginaires, nos sensibilités singulières, par nos interprétations particulières. Tout homme, toute femme, est le produit de la rencontre, à un moment donné, entre son histoire, sa perception de celle-ci, son environnement, sa sensibilité, son éducation.

Sophie Cadalen, *Les Femmes de pouvoir, des hommes comme les autres*, Seuil, 2008.

D'un côté, le couple est condamné à une **mort annoncée** et dénoncé comme le **fossoyeur** de la sexualité, de l'autre, il est encensé, paré d'un idéal **romantique** inaccessible. Des extrêmes qui ne lui font pas du bien…

3

LE COUPLE, LA BATAILLE...

Quentin Bertoux,
2006.

Chronique d'une mort annoncée

Le couple est-il condamné ? Disons-le d'emblée : non, et c'est une bonne nouvelle ! Pourtant, cette mort annoncée est relayée sans cesse par les médias, pour la bonne raison qu'une fois mort, il devient possible de le ranimer, permettant quelques dossiers ou émissions de télévision ou de radio supplémentaires… Le modèle idéal de l'amour que propose notre société est celui de la séduction, de la découverte, de la passion dévorante, tandis que le couple évoque routine et enlisement. Mais en positionnant le curseur de la vie à deux sur ces extrémités, les hommes et les femmes ont du mal à atteindre une certaine force tranquille vers laquelle ils devraient tendre pour former un duo pérenne. Les spécialistes défilent dans les émissions pour nous assurer que l'amour a six mois, un an, allez, deux ans maximum d'espérance de vie. Les neurobiologistes en tête en appellent à de très sérieux phénomènes physiologiques, courbes et chiffres à l'appui, pour le confirmer. Pendant cette période bénie, nous mangerions notre pain blanc, avant de tomber en profonde léthargie… Effectivement, s'il s'agit de la phase passionnelle, ces spécialistes n'ont pas tort. Observons ce qui se passe dans un couple au moment de la rencontre. Fascinés l'un par l'autre, l'homme et la femme sont sur un nuage. Ils se sont rencontrés il y a tout juste une heure, mais c'est fou, ils ont l'impression de se connaître depuis toujours ! Émerveillés, ils se délectent d'une telle prouesse. La psychanalyse est moins surprise qu'eux : pour elle, l'être dont nous tombons amoureux serait un subtil mélange de personnes idéalisées durant notre enfance, dont nos parents, mais pas seulement, d'où cette impression de déjà vu. Cet inconnu, dont l'image est profondément ancrée dans notre inconscient, surgit ainsi de l'ombre, nous ravissant au sens littéral du terme : nous marchons la tête dans les étoiles, tout nous paraît léger, même remplir le frigidaire et pousser le caddie au supermarché relèvent d'un pur moment de magie ! Sans parler du désir sexuel qui est à son maximum, des deux côtés. Cette phase bénie des dieux n'est pourtant pas destinée à durer, même si elle sert de vivier et de pilotis à la période qui va lui succéder, conduisant beaucoup de débats télévisés à conclure : « Vous voyez, nous vous l'avions bien dit, il est normal que le couple meure ! » Or, c'est ce constat qui lui est fatal…

Nous tombons amoureux, puis nous nous attachons

Selon le psychiatre Boris Cyrulnik, nous tombons amoureux, et quand nous nous relevons, nous voilà attachés. Nous lui préférons la formule « quand on se relève, on s'attache », car elle suppose une démarche active, et non une fatalité. Quand les deux partenaires sont prêts à s'attacher l'un à l'autre, ils peuvent alors construire un couple ensemble. Mais, pour passer à cette étape, il faut qu'ils arrivent à faire leur deuil de cette période de la passion où ils n'avaient aucun effort à faire pour se séduire et avoir envie l'un de l'autre. Si par malheur chacun pense que, « parce que c'était elle », « parce que c'était lui », l'amour va automatiquement perdurer, ils vont droit dans le mur. Tout débat sur le couple doit insister haut et fort sur cette information, pour la bonne raison qu'il faut savoir contre quel mythe lutter pour être plus efficace. Pourquoi les couples ne tiennent-ils pas la plupart du temps ? Parce que chacun est persuadé que l'amour n'a pas besoin d'effort. Et si d'aventure l'un admet qu'il en a besoin, il pense que c'est à l'autre de le fournir. Chacun boude dans son coin, attendant que le

Cadenas sur le pont des Arts, à Paris.

partenaire veuille bien faire les premiers pas pour se décider à bouger lui aussi. Mais quand le couple s'installe dans cette logique du règlement de comptes, rien de positif ne peut émerger. Nous l'avons évoqué plus haut, le contexte est peu favorable au couple, et il faut sans cesse apporter des preuves de sa viabilité, non seulement au partenaire, mais encore à la société. Il est vrai que les femmes, plus que les hommes, estiment que la vie de couple est ennuyeuse. Élevées dans une vision romantique de l'amour, ce qui est moins le cas de leur compagnon, elles ont du mal à faire leur deuil du prince charmant et gardent une furieuse nostalgie de la passion. Certaines se désolent d'être toujours seules, alors qu'elles considèrent le couple comme le tombeau de l'amour, un certificat de garantie pour l'ennui. Si jamais elles voient un couple perdurer dans le temps, elles demandent alors à connaître sa recette. Ou bien, le soupçon s'insinue : est-ce vraiment un couple qui va bien ? N'a-t-il pas renoncé à faire l'amour ? Tous ces doutes déstabilisent. Les femmes sont toujours plus critiques vis-à-vis de leur couple, s'arment contre le prochain partenaire, à l'affût du moindre défaut, de la moindre faiblesse, établissent une *check list* de tout ce qu'elles attendent de lui, les nouvelles technologies favorisant ce phénomène, comme nous l'avons vu plus haut. L'homme de son côté n'attend pas de la princesse qu'elle soit charmante du soir au matin. La plupart ont deux princesses, leur vie professionnelle et leur femme, reconnaissant que la première est passionnante parce que la seconde est à leur côté, représentant le point d'ancrage indispensable à leur équilibre. Même ceux qui ont bâti des ponts d'or n'ont pas la vue aussi belle du haut de leur pont sans une femme à aimer. Chez leurs compagnes, qui sont dans un investissement amoureux plus fort, cette mort annoncée du couple, pris comme parole d'Évangile, fait des ravages. Persuadées qu'il n'est pas destiné à durer, à la moindre anicroche elles brandissent la menace d'une rupture. Pourtant, il est illusoire de penser que nous vivrons un nirvana continu pendant vingt ans. La vie est ponctuée de bulles de bonheur qui vont et viennent. La preuve que la personne avec laquelle nous vivons est la bonne ? Nous sommes capables de nous ennuyer ensemble tranquillement : côte à côte, on ne fait rien et on est bien…

L'éloge du quotidien

Le quotidien... Rien que le mot stresse ou fait bâiller. Pourtant, il constitue le vrai ciment du couple, à condition que ce dernier soit décidé à l'embellir. La vie est jalonnée de petits rituels communs : prendre ensemble le café, l'apéritif, faire le marché le samedi matin – autant de moments où l'on se retrouve en couple avec plaisir pour partager une intimité, sans nécessairement parler de sexe. Ce sont d'ailleurs ces petits bonheurs grappillés de-ci de-là qui vont permettre le soir de se retrouver sous la couette, de conserver du désir l'un pour l'autre, sans compter exclusivement sur les vacances, ce qui est très dangereux. Pourquoi ? D'abord parce qu'elles ne sont pas si fréquentes, et qu'ensuite, la barque étant trop lourde, trop chargée d'espérance, si jamais elles se passent mal, ce sera le drame. Et puis, il est bien difficile d'espérer rattraper une année en quinze jours ! Le docteur Christophe Fauré rappelle combien les plaisirs quotidiens sont fondamentaux pour les couples. Accompagnant des veufs et des veuves depuis des années, il témoigne : « Tous me confient que ce qui leur manque le plus, ce sont ces détails de la vie justement. Ils ne me parlent jamais de leur croisière extraordinaire en Grèce. Le deuil vient rappeler combien ces petits riens sont précieux, combien on les a négligés, ou traités à tort avec mépris. » De nombreux couples ne font plus rien ensemble, se croisent, n'échangent plus et s'étonnent de ne plus faire l'amour. Abrités derrière l'idée confortable d'un quotidien tue-l'amour, ils se débarrassent de la nécessité de se relever les manches. Dans un couple, l'un et l'autre doivent remuer la braise de temps en temps pour réveiller la flamme, et peu importe que ce soit deux fois l'un, une fois l'autre. La générosité et la confiance sont les deux mamelles du couple, il faut être capable de faire des choses pour l'autre, sans attendre un retour sur investissement immédiat. Nous le répétons : pour recevoir, il faut d'abord donner, avec l'envie de partager ; c'est un jeu permanent, où il s'agit de se faire confiance mutuellement, sans guetter sans cesse l'autre et ses preuves d'amour. Ajoutons enfin que, lorsque le couple a traversé une mauvaise passe, il ne doit pas se contenter de supprimer le négatif, au risque de revenir juste en position neutre : idéalement, il faut que du positif vienne compenser ce vécu négatif. Peut-être est-ce le moment de revisiter ce qui vous faisait tant plaisir quand vous vous êtes rencontrés et que vous avez abandonné par paresse ? Peut-être aussi serait-il utile de vous voir l'un et l'autre dans vos domaines respectifs, votre travail, vos activités sportives ? Découvrir son partenaire dans son milieu remet de la distance, vient lutter contre cette trop grande familiarité qui fait qu'avec les années on ne se regarde plus vraiment, persuadés de se connaître par cœur. Mais qui peut se targuer de connaître un autre humain sur le bout des doigts, même après vingt ans de vie commune ? Rafraîchissez votre regard, regardez-vous comme au premier jour, vous allez peut-être découvrir des contrées ignorées. Effet dynamisant garanti !

Des projets communs, des projets personnels

Les projets communs donnent un nouvel élan au couple, tant l'immobilité peut être considérée comme son poison. Il ne s'agit pas uniquement de bouger les meubles de place, il faut parfois oser déménager ! Certains changent d'appartement pour investir un nouveau lieu où regarder ensemble dans la même direction, notamment quand les enfants s'en vont. Pour qu'un couple dure, les deux partenaires doivent en avoir la volonté, alors que trop souvent, chacun accuse l'autre d'avoir renoncé à ses rêves, de lui gâcher la vie, de l'empêcher de s'épanouir. Or, nous sommes tous responsables de notre propre vie. Peut-être d'ailleurs que l'un et l'autre ont renoncé à leurs propres désirs ? Qu'ils se contentent de s'en vouloir mutuellement alors qu'il s'agit de leur propre incapacité à dire « je » ? Il faut tenir debout tout seul, et se donner la main pour avancer : le couple est alors vécu comme un refuge et non comme une prison, un havre de paix où l'on puise l'énergie pour vivre sa vie. Il ne s'agit pas pour autant de ne vivre que pour soi, autre écueil qui guette le couple qui ne partage que les corvées et les factures. Résistons, contre le vent d'égoïsme qui souffle sur le couple entre attentes démesurées et désintérêt. C'est en croyant au changement du couple qu'il deviendra une réalité. D'où la nécessité de s'appuyer sur l'exemple de ceux qui sont ensemble depuis quarante ans et sont toujours heureux, ont de l'amour l'un pour l'autre et du désir, des projets communs. Ils existent, pourquoi les dévaluer ?

Le couple est-il le tombeau du sexe ?

Cette réflexion générale sur le couple nous conduit bien sûr à notre sujet, à savoir la sexualité. Comme pour la routine ou l'enlisement dans le quotidien, à partir du moment où les deux partenaires restent vigilants et veulent agir, le couple ne court pas trop le risque de devenir le tombeau du sexe. Et s'ils s'accordaient bien sexuellement au moment de la rencontre, il y a de fortes chances que cela continue, surtout s'ils savent pourquoi ils s'entendent si bien. Ils n'auront guère de mal à entretenir la flamme, pour peu qu'ils ne recherchent pas la performance et s'appuient sur ce qui leur plaît. Là encore, il faut savoir accepter les fluctuations, ne pas se mettre sur la défensive à la moindre baisse d'intensité. Si la femme dit deux fois de suite : « Je suis fatiguée », que l'homme pense tout bas : « Ah, bon, déjà ? », il se met à craindre l'arrêt de leur vie sexuelle et à se forger une peur de l'échec. Résultat : il va lui demander de faire l'amour de plus en plus souvent, elle va refuser de plus en plus souvent, et ils arrivent chez le sexologue alors que, jusque-là, ils n'avaient pas de problèmes particuliers ! L'idéal ? Naviguer tranquillement, rester en roue libre, prendre l'amour quand il se présente, rester à l'affût de ses propres désirs, tout en tenant compte de la disponibilité de l'autre. En cas de baisse de régime passagère, il faut laisser les fenêtres ouvertes, peut-être se passera-t-il quelque chose, peut-être non… Beaucoup trop de femmes sont obnubilées par l'idée qu'il leur faut « lâcher prise », alors qu'elles devraient plutôt lâcher ce mot qui, par sa nature, ne peut répondre à une injonction ! En cas de baisse de désir, au lieu de s'alarmer immédiatement, le mieux est d'aller du côté du charnel, du sensuel, en se faisant masser, en se rendant au hammam, plutôt que répéter en boucle : « Il faut que je lâche prise. » Les hommes ne sont pas en reste côté anxiété, et s'inquiètent notamment quand ils n'ont pas d'orgasme à chaque rapport. Pourtant, dès que le sexologue les rassure en leur disant que c'est normal, ils jouissent la fois suivante. Le couple doit résister à cette injonction d'orgasme permanent. La réussite sexuelle est devenue un enjeu important, la preuve de la bonne santé du couple, mais, en se transformant en dogme, elle parasite la relation qui a besoin de se dérouler dans un climat serein. Où est-il écrit qu'il faut avoir tant de rapports par semaine, tant de variantes ? Chaque couple a son tempo, et si les deux sont satisfaits, il n'y a pas lieu de se mettre une pression supplémentaire. En revanche, s'il est un impératif, c'est celui d'accorder de la place et du temps à son intimité.

Se donner de l'espace et du temps

Les hommes et les femmes passent leur vie à courir derrière le temps, et quand ils ont enfin cinq minutes pour souffler, ce n'est pas toujours au couple qu'ils les consacrent. Dommage... Où sont passés ces précieux moments pour rire ensemble, discuter lovés l'un contre l'autre ? Chacun décompresse derrière son ordinateur, qui en regardant des vidéos, qui en chattant avec des inconnus, qui en courant au bois ou en pédalant dans son club de sport. Il ne s'agit pas de dénigrer ces moments à soi, mais il est bon d'en garder pour le couple si on veut conserver une vie sexuelle de qualité, qui nécessite un climat de détente, de la complicité, un temps de séduction mutuelle. Il ne s'agit pas d'inventer chaque soir des jeux coquins compliqués, mais de savoir saisir des petits moments dans la journée : aller prendre un café au bistrot du coin, aller au marché ensemble, prendre l'apéro, avoir le temps de bavarder sans regarder sa montre, bref, tout ce qui fait le délicieux ronron du quotidien du couple.

Plus le couple a des années de vie commune et plus ce temps à dégager est précieux et indispensable. Il est tellement facile de laisser la vie nous emporter dans les contraintes, à commencer par le travail qui déborde de plus en plus souvent sur la sphère privée. Ajoutons les enfants que, par culpabilité, nous hésitons à renvoyer dans leur chambre le soir alors qu'on les a si peu vus... Mais il faut résister pour redonner à la vie sexuelle une vraie place dans le couple. Comme le constate la sexologue Ghislaine Paris, nous assistons aujourd'hui à un curieux paradoxe : alors que la sexualité n'a jamais été autant valorisée, elle occupe de moins en moins d'espace dans la vie du couple, réduite à une relation rapide le soir, ou le dimanche après-midi à l'heure de la sieste et ce, dans le meilleur des cas !

Le couple en réelle difficulté sexuelle

Tandis que certains couples s'inquiètent à la moindre baisse d'intensité de leur désir, d'autres ne font plus l'amour ou le font mal depuis des années et laissent le problème en l'état. Souvent, ils arrivent en consultation parce qu'ils veulent un enfant, ou quand ces derniers quittent le nid familial et qu'ils se retrouvent en face à face. Ils se sont contentés d'être de bons pères, de bonnes mères, mais quand ils prennent conscience que leur difficulté sexuelle devient une menace pour la pérennité de leur relation, ils se décident à réagir. Bien souvent, ils hésitent à croire qu'ils peuvent encore rectifier le tir puisque leur mésentente dure depuis dix, parfois vingt ans. Or, il est toujours possible de dénouer le problème, le vrai point d'interrogation est de savoir quelle énergie le couple est prêt à y mettre. Pour changer la donne, il faut qu'il s'investisse vraiment, psychiquement parlant. D'abord en osant affronter la nature du problème : est-ce que c'est parce qu'il considère l'autre comme son père, sa mère ? Bien souvent, chacun pense qu'il a des envies impossibles à concrétiser avec son conjoint. Mais moins ils les réalisent, moins ils osent les mettre en pratique, ni même l'imaginer. Parfois, ils découvrent, au cours d'une infidélité, qu'ils ont été capables de passer à l'acte, en déduisent donc

Nan Goldin, *Couple dans un lit*, Chicago, 1977.

que c'est l'autre qui a un problème, à tort. Ils ignorent souvent que leur partenaire aussi s'est peut être découvert moins coincé qu'il ne le pensait dans d'autres bras. Ce qu'il faudra essayer de comprendre, c'est pourquoi, entre eux, il leur est vraiment impossible d'être un peu plus fantaisistes. Si chacun s'est rendu compte qu'il pouvait fonctionner ailleurs, il pourrait se décider à fonctionner ici, dans son couple. Pourquoi ne pas essayer? La question à se poser n'est pas « est-ce que j'en ai envie ou non ? », mais « est-ce tolérable ou intolérable d'être dans les bras de l'autre ? » Si c'est intolérable, mieux vaut s'abstenir, mais si c'est tolérable, c'est-à-dire que je n'en ai pas spécialement envie, mais que je me dis pourquoi pas, alors autant le tenter et se débrouiller pour avoir du plaisir. À partir du moment où on réalise que l'on a du pouvoir sur son propre plaisir, l'obstacle est au trois quarts franchi. On se rend compte que l'on est même capable d'agir malgré son inconscient, les sensations du corps entraînant la tête à leur suite. Nous sommes dans une société très cartésienne, où nous faisons confiance d'abord au raisonnement, ce qui n'est pas la meilleure piste dans le domaine sexuel. Souvent, ceux qui attendent d'être prêts dans leur tête avant de se décider à faire fonctionner leur corps vont parfois attendre des mois, voire des années ! Il faudrait laisser tomber tous les « pourquoi » qui encombrent et se lancer dans l'action ! Nous ne le répéterons jamais assez : l'humour est l'ingrédient le plus important dans la relation de couple. La sexualité n'est pas un drame, c'est un jeu entre deux adultes consentants. À trop lui donner une importance démesurée, elle devient un devoir obligatoire, source d'inquiétude paralysante. Les loupés, les ratés font aussi partie de la vie du couple, il faut savoir les prendre avec légèreté.

L'important encore pour sortir de cette impasse? Ne pas considérer que c'est à l'autre de changer et que, tant qu'il n'a pas bougé, il n'est pas question de bouger soi-même. Combien de couples, par exemple, dans lesquels la femme avait une baisse de désir l'ont retrouvé quand l'homme, au lieu de se lamenter sur l'absence de désir de sa compagne, s'est mis en état de découverte, a adopté un comportement plus naturel avec elle, sans attendre qu'elle lui donne le feu vert pour s'approcher d'elle. Répétons-le: ce qui redonne du désir à la femme, c'est d'avoir un homme désirant... sans être harcelant naturellement !

La politique des petits pas

Comment amener petit à petit des changements ? En introduisant progressivement une complicité sexuelle. Le but est de sortir des rails trop stricts dans lesquels le couple s'est enfermé depuis longtemps. Pourquoi pas par le biais d'un livre, d'une émission, d'un film ? Attention, tout est une question de ton et de juste dose. Il ne s'agit pas de brandir un article sur l'amour à trois ou le plaisir féminin sous le nez de l'autre d'un air entendu, mais de suggérer qu'on a trouvé des pistes intéressantes dans tel ou tel passage. Chacun sait que l'autre l'a lu... Nous n'en sommes pas encore au stade des folies débridées, mais la direction est bonne pour que la complicité s'installe. Quand ils feront l'amour, ils sauront que l'un et l'autre ont tel ou tel fantasme. Le but du jeu est de remettre la machine en route par petites touches, en sachant que ce n'est pas parce qu'ils ont essayé une fantaisie un soir qu'elle sera de mise le lendemain, nous l'avons déjà longuement évoqué plus haut. Ce qu'il faut éviter ? La politique du tout ou rien. Quand la barre est trop haute, le couple n'arrive pas à la franchir. Certains disent : « Avec mes autres partenaires, c'était formidable. » Pourquoi n'êtes-vous pas restés ensemble, alors ? « Nous n'avions rien à nous dire... » Que met-on dans la barque du couple ? Généralement, il a des enfants, des amis communs, une maison ; la complicité repose sur de nombreux éléments qui forment un ensemble. Si nous commençons à séparer les domaines, il nous faudra autant de partenaires que de secteurs ! Tout l'enjeu est de voir comment les réunir, sexualité comprise, dans ce couple-là. La plupart des hommes et des femmes demandent la même chose au couple : ils veulent être rassurés d'abord, et stimulés ensuite. Il faut de la sécurité pour jouir – l'une des causes de l'anorgasmie chez les femmes est d'ailleurs un climat d'insécurité – et le couple est un lieu sûr, où l'on peut se laisser aller sans crainte. Dans l'acte sexuel, chacun se montre à nu, vulnérable, et mieux vaut être avec une personne qui nous aime et nous comprend, familiarité qui permet d'harmoniser les tempos, d'être vite en phase. Le seul risque est de finir par en faire une bulle trop tranquille...

Accueillir une certaine violence

Le couple est devenu un refuge contre la violence du monde, son instabilité, son individualisme. Investi d'un grand nombre de missions, il est là pour nous protéger de l'extérieur, réparer nos blessures d'enfance, nous offrir affection et réconfort, avec le risque parfois de se transformer en un cocon douillet, où la sexualité n'arrive plus à trouver sa place. En effet, celle-ci est par nature violente, intense, et nécessite une certaine agressivité. Elle nous bouscule, nous chahute, va puiser dans notre fond le plus inconscient, le plus pulsionnel. Il faut être capable d'accueillir cette violence pour faire l'amour, cette force de vie, et ne pas vouloir se contenter de câlins, de tendresse, au risque d'en rester à un stade de sexualité infantile. L'idéal dans un couple est de parvenir à lier les deux courants, le sexuel et la tendresse. Car faire l'amour est la meilleure façon d'apaiser les tensions inhérentes à la vie commune, de nous éviter de rester en guerre, en témoignent les fréquentes réconciliations sous la couette. Il faut donc réveiller le côté animal du sexuel, au risque, sinon, de finir par s'endormir chaque soir en se faisant la bise et en se souhaitant bonne nuit…

Photographie d'Aldo Sperber, 2006.

Le couple peut-il survivre sans sexualité ?

Même les femmes peu intéressées par la sexualité finissent par s'en inquiéter, conscientes que cette dimension est ce qui différencie le couple d'un groupe amical. La plupart du temps, le couple n'a pas décidé un beau matin de ne plus faire l'amour, les relations se sont espacées de plus en plus, pour finir par devenir inexistantes. En souffre-t-il ? L'un est-il plus pénalisé que l'autre ? Telles sont les véritables questions que nous posions dans la partie sur les asexuels (▶p. 64). Bien qu'il ne soit pas obligatoire de faire l'amour, c'est tout de même se priver d'une intimité précieuse. Dans ces couples qui n'ont plus de sexualité, la gêne finit toujours par s'installer : ils n'osent plus se mettre nus l'un devant l'autre, les conversations entre eux deviennent utilitaires : qui paie le loyer, qui fait les courses ? Même s'ils discutent art contemporain, le lien a tendance à se distendre, la chaudière finit par s'éteindre totalement. Ils pensent qu'un jour ils s'y remettront, mais quand ? C'est souvent la rencontre d'un autre partenaire qui va les tirer de leur léthargie, mais ce n'est pas sans risque…

Comment gérer l'infidélité dans le couple ?

L'infidélité est toujours une épreuve pour le couple. Elle remet en cause la virilité de l'homme, qui la vit très mal, elle blesse le narcissisme de la femme, et signifie pour beaucoup l'échec de la relation. Comment le partenaire trompé va-t-il y faire face ? Certes, son orgueil en prend un coup et, mortifié, il peut vouloir se venger en rendant la pareille, dans la logique « œil pour œil, dent pour dent », ce qui n'est pas forcément la meilleure manière de réagir. Est-ce qu'il va l'entendre comme un coup de semonce, une alerte à prendre en considération ? Il est rare qu'une infidélité éclate dans un ciel serein… Va-t-il se réveiller en réalisant qu'il risque de perdre son couple en découvrant que l'autre est capable d'aller voir ailleurs ? De nombreux couples prennent cet accroc au contrat comme une occasion de s'expliquer pour comprendre ce qui y a conduit, encore faut-il que l'infidélité soit avouée. Or, on constate que les plus jeunes défendent la transparence, dans un souci de respect de l'autre, les plus âgés le silence pour la même raison… La sincérité évidemment apparaît plus « belle », mais il est nécessaire de se poser quelques questions : pourquoi avouer ? pour soulager sa conscience ? parce qu'on estime ainsi que « faute avouée, à moitié pardonnée » ? Peut-être est-il bon de tenir compte de la sensibilité de son partenaire, surtout s'il s'agit d'une simple passade sans conséquence. Certains réagissent très violemment à cette annonce, et ont de grandes difficultés à reprendre la vie commune et la confiance qu'elle nécessite. L'aveu en vaut-il la chandelle ? Ce qui doit alerter est bien sûr l'infidélité qui s'installe au détriment de la vie du couple. On voit même certains hommes ne plus faire amour avec leur femme pour ne pas tromper leur maîtresse, lui infligeant ainsi une double peine. Parfois encore, après l'aveu d'une infidélité, le désir revient au galop, et l'on ne compte plus les amants et les maîtresses qui ont eu pour fonction de ressouder un couple. Mais le résultat reste incertain…

Oui, le couple est bien vivant !

Contrairement à ce que nous annoncent les médias, les hommes et les femmes sont d'ardents défenseurs du couple, en témoignent la multiplication des consultations chez le sexologue et les thérapies de couple. Ils cherchent vaillamment comment régler leurs différends, dans un monde en mutation qui n'exige plus d'eux qu'ils vivent en duo. Pourtant, ils sont nombreux malgré tout à vouloir tenter l'aventure, au mépris des oiseaux de mauvais augure qui leur prédisent leur chute prochaine. Cela ne veut pas dire que nous prônons le couple envers et contre tout : certains arrivent à terme, et il serait peu raisonnable de les maintenir en soins intensifs alors qu'ils sont plongés dans un coma dépassé depuis des années. Nous vivons de plus en plus longtemps et il est fréquent de former plusieurs couples au cours de son existence, sans toutefois que leur fin puisse être considérée comme un échec. Certains affichent vingt ans de vie commune, vingt ans de réussite, mais poursuivent leur route avec un autre partenaire parce qu'ils ont changé, se sont éloignés. Ils peuvent se dire « nous ne vieillirons pas côte à côte, mais nous avons été heureux ensemble ». N'est-ce pas l'essentiel ?

ROSEMONDE PUJOL
(Journaliste et écrivain)

Osez demander ce que vous voulez...

« Ces messieurs s'intéressent à notre clitoris au cours des préliminaires pour passer à autre chose : la pénétration par exemple. Ils songent rarement à aller jusqu'au bout des caresses clitoridiennes pour nous faire jouir. »

Une « chatteuse » plus concise et plus pragmatique, annonce carrément la couleur :

« Je recherche un amant qui prendrait la peine, une fois pour toutes, de lire le mode d'emploi et d'apprendre à se servir de mon clitoris. » Une autre renchérit. C'est tout juste si elle ne se met pas en colère. « Franchement, ce n'est pas sorcier quand on veut se donner un peu de mal ! » Il y a de la rébellion dans l'air. Mais la révolte ne gronde pas à sens unique. Un jeune internaute pourrait retourner le compliment à ces personnes déçues, lasses et un brin intolérantes. « Vous, les filles, vous êtes marrantes ! Pour nous, le clitoris, c'est un peu mystère et boule de gomme. Vous ne le montrez pas. Vous n'en parlez pas. Vous nous laissez galérer. Il suffirait que vous nous briefiez. » Faut-il blâmer l'impatience des uns ? La pudibonderie des autres ? Ou encore cette satanée méconnaissance de notre anatomie qui fait des ravages irréversibles ? La grande coupable n'est-elle pas la parole bâillonnée ? Dans son ouvrage *La Caresse de Vénus*, le docteur Leleu le clame haut et fort : « Mesdames, osez demander ce que vous voulez avec des mots précis et des gestes clairs. Si vous ne demandez rien, vous n'obtiendrez rien ! Formulez s'il vous plaît et apprenez à connaître votre corps. » Judicieux conseil… pas toujours facile à suivre.

Rosemonde Pujol, *Un petit bout de bonheur*, Jean-Claude Gawsewitch, 2007

JACQUES BREL
(Chanteur et acteur)

Vingt ans d'amour, c'est possible !

LA CHANSON DES VIEUX AMANTS

Bien sûr, nous eûmes des orages
Vingt ans d'amour, c'est l'amour fol
Mille fois tu pris ton bagage
Mille fois je pris mon envol
Et chaque meuble se souvient
Dans cette chambre sans berceau
Des éclats des vieilles tempêtes
Plus rien ne ressemblait à rien
Tu avais perdu le goût de l'eau
Et moi celui de la conquête

Mais mon amour
Mon doux, mon tendre, mon merveilleux amour
De l'aube claire jusqu'à la fin du jour
Je t'aime encore, tu sais, je t'aime

Moi, je sais tous tes sortilèges
Tu sais tous mes envoûtements
Tu m'as gardé de piège en piège
Je t'ai perdue de temps en temps
Bien sûr tu pris quelques amants
Il fallait bien passer le temps
Il faut bien que le corps exulte
Finalement, finalement
Il nous fallut bien du talent
Pour être vieux sans être adultes

Oh, mon amour
Mon doux, mon tendre, mon merveilleux amour
De l'aube claire jusqu'à la fin du jour
Je t'aime encore, tu sais, je t'aime

Et plus le temps nous fait cortège
Et plus le temps nous fait tourment
Mais n'est-ce pas le pire piège
Que vivre en paix pour des amants
Bien sûr tu pleures un peu moins tôt
Je me déchire un peu plus tard
Nous protégeons moins nos mystères
On laisse moins faire le hasard
On se méfie du fil de l'eau
Mais c'est toujours la tendre guerre

Oh, mon amour
Mon doux, mon tendre, mon merveilleux amour
De l'aube claire jusqu'à la fin du jour
Je t'aime encore, tu sais, je t'aime

Jacques Brel,
La Chanson des vieux amants, 1967.

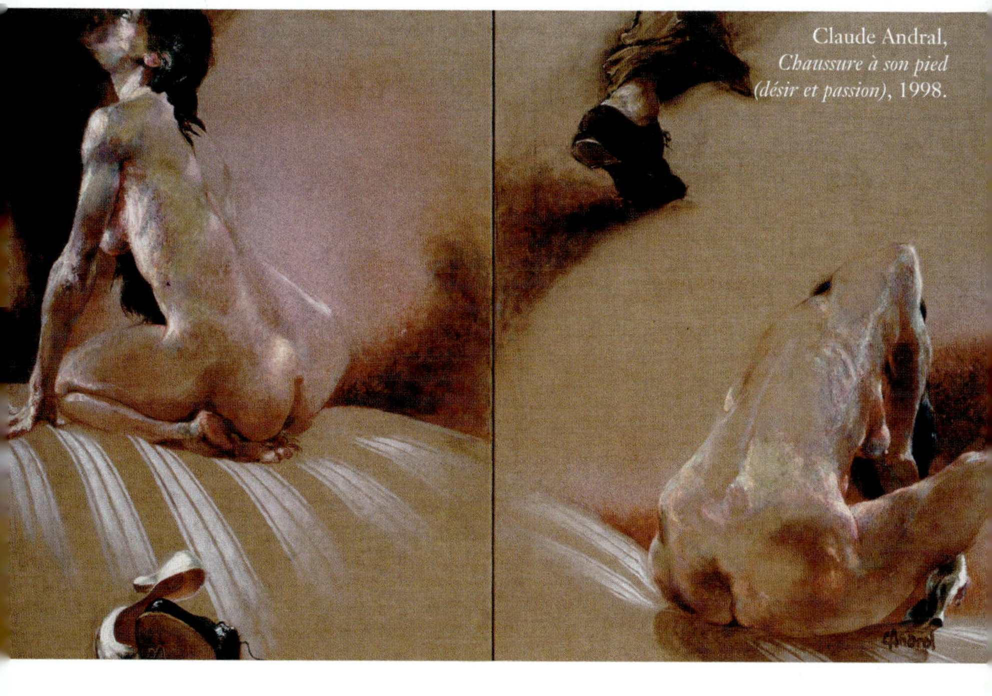

Claude Andral,
Chaussure à son pied (désir et passion), 1998.

SOPHIE CADALEN (Psychanalyste et écrivain)
SOPHIE GUILLOU (Journaliste)

Le couple, la fin de la récréation ?

Si l'on imagine qu'une relation stable ne se gagnera qu'à coups de sérieux et de sacrifices, si on pense le couple comme un lieu forcément éloigné de toute légèreté, si on croit que devenir adulte est le contraire de se donner du plaisir, on risque fort de se priver de tout ce qui fait le sel de la vie. Au bout du chemin, c'est l'ennui qui guette en embuscade. Le gage le plus sûr que la rencontre se solde par une séparation.

Car même s'il répond à notre souhait très sincère de nous ranger, de « devenir adulte », ce projet va inévitablement se heurter au garnement qui vit en nous, à cette part d'inconscient qui réclame du plaisir et qui ne veut pas renoncer à jouer. Notre psychisme résonne de trois voix différentes qu'il faut savoir laisser chanter d'une manière ou d'une autre : la voix du Surmoi, cette autorité qui prône la raison et nous exhorte à ne pas sortir des clous ; la voix de nos pulsions, qui réclament d'être satisfaites dans une quête permanente de jouissance ; enfin, la voix de notre Moi, qui tente de concilier ces deux mouvements contradictoires. Pour qu'un couple puisse résister au temps et aux accrocs de la vie commune, il est important de ne pas sacrifier une voix à une autre, de ne pas bâillonner le sale gosse malicieux qui parle en nous. Cela ne fera pas forcément de nous des êtres irresponsables et immatures.

L'engagement amoureux implique sans doute d'agir en adulte, mais pas forcément au sens où on l'entend souvent. Être adulte, c'est exister comme sujet, comme un être vivant qui dit « je veux et j'existe » et qui assume le choix de ses jouissances. Ce n'est pas se résigner à une vie trop raisonnable d'où seraient bannies les joies et la fantaisie. Je me conduis en être responsable lorsque je choisis sciemment de vivre certaines aventures, avec ce qu'elles supposent de contraintes liées au réel et à ses lois, non quand je me réfugie d'emblée derrière les obligations en affirmant que je ne peux pas faire autrement. On ne peut réellement se dire responsable que si on se donne la capacité de choisir.

Sophie Cadalen, Sophie Guillou, *Tout pour plaire… et toujours célibataire*, Albin Michel, 2009.

LUCIEN CHABY
(Médecin)

On a changé les meubles de place

Le verbe aimer s’est endormi dans un
Silence de riz cuit
On ne peut plus articuler
On ne peut plus marcher
Les bras ouverts aimer
On a si mal vécu
Entre deux silences de dimanche
En dimanche
La maison est devenue petite
On a changé les meubles de place
Mais c’est en nous que la place manque
Le cœur est vide
Le cœur n’y est plus.

Lucien Chaby, *Le Verbe aimer*, poème inédit.

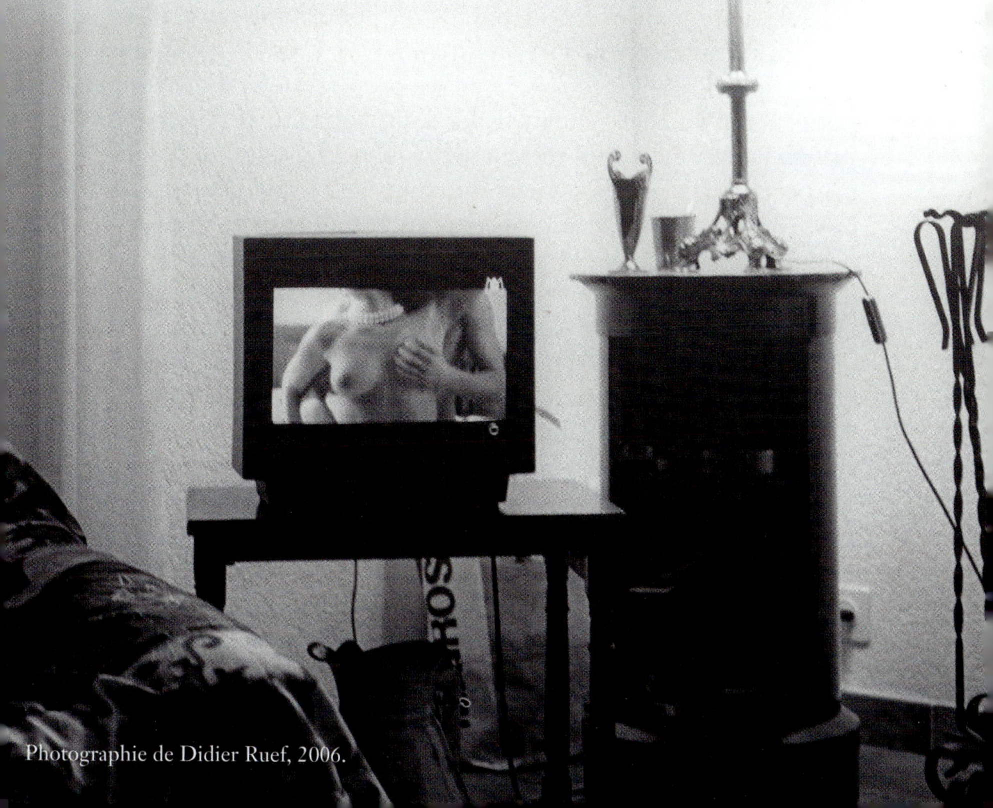

Photographie de Didier Ruef, 2006.

CHRISTOPHE FAURÉ
(Psychiatre)

La résistance au changement

« Est-ce que j'ai envie de changer ma situation ? » La réponse est provocante car la réponse semble évidente : « Bien sûr que oui ! ». C'est ce que répondent les couples qui se désolent de leur mal-être au quotidien. Et pourtant, alors que la souffrance est manifeste entre eux et que l'ennui ou le conflit suinte de chaque pore de leur relation, il est étonnant de constater combien peu de choses sont concrètement mises en place pour y remédier véritablement. Le constat est pourtant là : des plaintes très spécifiques sont formulées mais, au-delà du désir « que les choses bougent », on se rend compte que ce souhait est rarement suivi de décisions porteuses d'un véritable changement. En fait, il arrive que l'un et l'autre regardent assez passivement s'effriter l'édifice de leur amour. Rien n'est mis en œuvre pour que le couple fonctionne mieux. Cette terrible inertie est ce que l'on appelle la résistance au changement.

Cela paraît absurde ou paradoxal : pourquoi faire donc ainsi obstacle à son propre bonheur ? [...] C'est là qu'il faut très sérieusement s'interroger sur ses propres motivations à ne pas générer du changement. Elles sont, certes, très largement inconscientes, mais elles restent accessibles à un minimum d'introspection. Il s'agit la plupart du temps de ce que l'on appelle les bénéfices secondaires : on perçoit intuitivement qu'il y a parfois plus de bénéfices à ne pas changer qu'à véritablement le faire. Par exemple, on peut inconsciemment faire obstacle au changement, car on ne souhaite pas se départir du pouvoir qui découle de son statut de persécuteur ou de victime. Le pouvoir est le bénéfice secondaire qu'on ne veut pas lâcher. Cela conduit à maintenir le *statu quo*, même si le prix à payer en est particulièrement lourd. On suspecte la présence de bénéfices secondaires quand les efforts soutenus visant à changer la dynamique de la relation s'avèrent vains ou inefficaces.

Christophe Fauré, *Ensemble mais seuls*, Albin Michel, 2009.

CLAUDE NOUGARO
(Chanteur)

Attends-moi, je t'aime !

UNE PETITE FILLE

Une petite fille en pleurs
Dans une ville en pluie
Et moi qui cours après
Et moi qui cours après au milieu
de la nuit
Mais qu'est-ce que j'lui ai fait ?
Une petite idiote qui me joue
la grande scène
De la femme délaissée
Et qui veut me faire croire
qu'elle va se noyer!
C'est de quel côté la Seine ?
Mais qu'est-ce que j'lui ai fait ?
Mais qu'est-ce qui lui a pris ?
Mais qu'est-ce qu'elle me reproche ?
Lorsque je l'ai trompée,
elle l'a jamais appris
C'est pas elle qui s'approche ?
Tu m'aimes vraiment, dis-moi
Tu m'aimes, tu m'aimes, tu m'aimes,
C'est tout ce qu'elle sait dire
En bouffant, en me rasant,
Quand je voudrais dormir
Faut lui dire que je l'aime !
Une petite fille en pleurs dans
une ville en pluie
Où est-elle, nom de Dieu !
Elle a dû remonter par la rue d'Rivoli
J'ai de la flotte plein les yeux
Parce qu'elle avait rêvé
je ne sais quel amour
Absolu, éternel
Il faudrait ne penser,
n'exister que pour elle
Chaque nuit, chaque jour
Voilà ce qu'elle voudrait.
Seulement y a la vie
Seulement y a le temps
Et le moment fatal où le
vilain mari
Tue le prince charmant
L'amour, son bel amour,
il ne vaut pas bien cher
Contre un calendrier
Le battement de son cœur,
la douceur de sa chair...
Je les ai oubliés.
Où donc est-elle partie ?
Voilà qu'il pleut des cordes
Mon Dieu, regardez-moi
Me voilà comme un con,
place de la Concorde !
Ça y est, je la vois
Attends-moi !
Attends-moi !
Je t'aime !
Je t'aime !
Je t'aime !

Claude Nougaro, *Une petite fille.*

ALFRED DE MUSSET

(Écrivain)

L'amour à l'imparfait

Tous les hommes sont menteurs, inconstants, faux, bavards, hypocrites, orgueilleux et lâches, méprisables et sensuels ; toutes les femmes sont perfides, artificieuses, vaniteuses, curieuses et dépravées. Mais il y a au monde une chose sainte et sublime, l'union de deux de ces êtres, si imparfaits et si affreux.

Alfred de Musset, *On ne badine pas avec l'amour*, 1834.

ANDRÉ GORZ

(Philosophe et journaliste)

Cinquante-huit ans d'amour fou

Je n'ai sûrement pas été à la hauteur de la résolution prise il y a trente ans : de vivre de plain-pied dans le présent, attentif avant tout à la richesse de notre vie commune. Je revis maintenant les instants où j'ai pris cette résolution ave un sentiment d'urgence. Je n'ai pas d'ouvrage majeur en chantier. Je ne veux plus – selon la formule de Georges Bataille – « remettre l'existence à plus tard ». Je suis attentif à ta présence comme à nos débuts et aimerais te le faire sentir. Tu m'as donné ta vie et tout de toi ; j'aimerais pouvoir te donner tout de moi pendant le temps qu'il nous reste.

Tu viens juste d'avoir quatre-vingt-deux ans. Tu es toujours belle, gracieuse et désirable. Cela fait cinquante-huit ans que nous vivons ensemble et je t'aime plus que jamais. Récemment, je suis retombé amoureux de toi une nouvelle fois et je porte de nouveau en moi un vide dévorant que ne comble que ton corps serré contre le mien.

André Gorz, *Lettre à D. : histoire d'un amour*, Galilée, 2006.

ROSA MONTERO

(Journaliste et écrivain)

L'énigme du mari

À cette époque, je savais fort bien que nous, les humains, sommes comme des icebergs, et que nous ne montrons à l'extérieur qu'une infime partie de notre volume : nous cachons tous, nous mentons tous, nous avons tous quelque petit secret inavouable. Avec la coexistence, cependant, l'image de l'autre devient en général de plus en plus plane, comme si l'iceberg fondait dans la chaude mer de la routine. Et nous finissons souvent par faire de notre conjoint un simple gribouillage à deux dimensions, une décalcomanie de personne, une image si répétitive et si étroite qu'elle devient, à force, terriblement ennuyeuse. C'est une des multiples façons de finir pour le couple : les deux se regardent et chacun ne voit en face de soi qu'une petite tête plate, comme un timbre.

À l'intérieur de l'image toute faite que j'avais de Ramón, il ne téléphonait pas à des numéros érotiques, il n'avait pas non plus d'inclinaisons sadomasochistes et il n'était même pas capable de jouir par téléphone interposé : puisqu'il était aussi muet qu'une bûche au lit ! La découverte de la facture m'a un peu ébranlée : l'énormité de l'énigme des êtres humains, l'impossibilité absolue de connaître l'autre s'étaient tout à coup ouvertes devant moi.

Rosa Montero, *La Fille du Cannibale* (2006),
traduit de l'espagnol par A. Gabastou, Seuil, coll. « Points », 2008.

LES IDÉES REÇUES SUR LA SEXUALITÉ

La sexualité, règne des idées reçues.

Pourquoi cette suprématie? Parce que le plus souvent elle nous échappe, nous confronte à notre identité sexuée avec plus ou moins d'ambivalence. Et parce qu'elle est complexe et déroutante, nous essayons tant bien que mal d'en reprendre le contrôle en nous confortant avec du prêt-à-penser. Nous le savons bien, la sexualité ne se résume pas à l'acte sexuel: elle engage toute notre histoire. Aborder ce sujet, c'est à coup sûr dévoiler une part d'intime, ce qui explique d'ailleurs qu'elle soit si souvent évoquée de façon détournée, sous forme d'humour masquant un certain malaise. Le succès des livres et des articles qui nous martèlent des soi-disant vérités sur l'amour, les préliminaires, les fantasmes, l'éjaculation précoce ou tout sujet qui fait débat en dit long sur notre soif de propos définitifs. Les raccourcis et les généralisations – « tous » les hommes, « toutes » les femmes – relèvent encore du même souci de simplification rassurante. Pourtant, rien de plus mouvant que la sexualité, rien de plus personnel aussi. Une même difficulté peut cacher des histoires bien différentes, et nécessite donc une explication spécifique. Aussi, si ce livre souhaite rectifier les idées reçues les plus courantes, il ne souhaite pas en asséner de nouvelles. Au lecteur de s'arrêter sur les réponses qui lui parlent vraiment: ce sont sans doute celles qui se rapprocheront le plus de son propre questionnement.

Les pratiques sexuelles se sont diversifiées ces trente dernières années. La **sodomie** ne passe plus pour une perversion, la **pornographie** réveille parfois une sexualité un peu endormie quand elle est appréciée par le couple. Mais ce n'est pas pour autant qu'elles ne sont pas sujettes à bon nombre d'idées reçues.

1 LES PRATIQUES SEXUELLES

La masturbation, est-ce pour les célibataires ?

Il règne encore un grand nombre d'idées reçues et de tabous sur la masturbation, particulièrement sur la masturbation féminine, héritage religieux sans aucun doute puisqu'elle est condamnée par toutes les religions monothéistes. Souvenons-nous qu'Onan, qui a donné son nom à l'onanisme, meurt d'avoir dispersé sa semence dans la terre, un gâchis, puisqu'elle se perd pour la reproduction, et le Vatican a encore récemment condamné la masturbation pour les catholiques. Dans la religion juive, dès que le garçon a dix-huit ans, l'entourage s'empresse de lui trouver une femme pour qu'il n'ait plus besoin d'avoir recours à des pratiques solitaires. Quant à la médecine, jusqu'au début du XXe siècle, elle jetait encore un peu plus d'opprobre sur la masturbation, l'accusant de mille maux, dont celui de rendre sourd ou d'entraîner des troubles psychiatriques... Tout ce contexte pèse encore sur les mentalités d'aujourd'hui, même si, officiellement, elle n'est plus dénigrée avec autant de vigueur, au moins en apparence.

Savez-vous pourtant que le fœtus lui-même s'adonne à la masturbation, preuve qu'elle est un geste inné ? L'échographie a permis de mettre en évidence une activité masturbatoire entre le sixième et le neuvième mois de gestation. Le fœtus explore son corps et a des érections involontaires, il lui arrive de se masturber avec ses minuscules mains. Il est encore loin du regard réprobateur de la société qui ne va pas tarder à le culpabiliser...

Un moyen de découvrir le plaisir

C'est grâce à la masturbation que les garçons et les filles découvrent leurs premières émotions sexuelles, souvent de façon fortuite dans un premier temps, puis de manière active quand ils découvrent qu'ils peuvent renouveler cette source de plaisir. À l'adolescence notamment, cette pratique permet aux jeunes d'apprivoiser leur corps, de découvrir leurs zones érogènes avant d'aborder l'acte sexuel avec un ou une partenaire. Peut-être est-ce une des raisons qui font que, pour beaucoup d'adultes, elle reste une pratique infantile qui ne devrait plus les concerner, *a fortiori* quand ils ont des relations sexuelles régulières ou qu'ils vivent en couple. Sans doute. Lors des enquêtes, même si la situation évolue favorablement, les femmes sont encore réticentes à « avouer » se masturber car la société laisse à penser que les hommes ont des besoins supérieurs aux leurs, des pulsions qu'ils doivent absolument assouvir, alors qu'elles y seraient moins soumises. Mais n'est-ce pas encore là une façon de tenir le désir des femmes en laisse, de crainte que les hommes ne puissent y répondre ? La peur de ne pas assurer face à une femme désirante est à l'origine de bien des tabous sexuels. Tous deux ont d'ailleurs des réactions assez différentes quand ils découvrent que leur partenaire se masturbe. L'homme peut se sentir remis en question dans sa virilité, estimant que c'est à lui, et à lui seul, de donner du plaisir à sa compagne. Et s'ils ne font plus beaucoup l'amour, le sentiment de trahison redouble. Il faudrait qu'il puisse arriver à en parler avec elle pour en faire une complicité, un jeu sexuel : après tout, cela montre qu'elle a des désirs et recherche le plaisir... Sans compter que la masturbation peut très bien cohabiter avec des relations sexuelles satisfaisantes, elle n'est pas synonyme de frustration et il serait dommage de mettre les pratiques sexuelles en compétition. La femme de son côté, si elle surprend son mari en train de se masturber, a tôt fait de penser que son homme est un pervers, un obsédé, d'autant plus s'ils ont des relations sexuelles régulières. Aurait-il des besoins hors du commun ? Est-ce qu'elle ne lui suffit pas ? La masturbation garde mauvaise presse et suscite encore et toujours de la honte, de la gêne, de la cachotterie, il est difficile d'obtenir des confidences sur ce sujet.

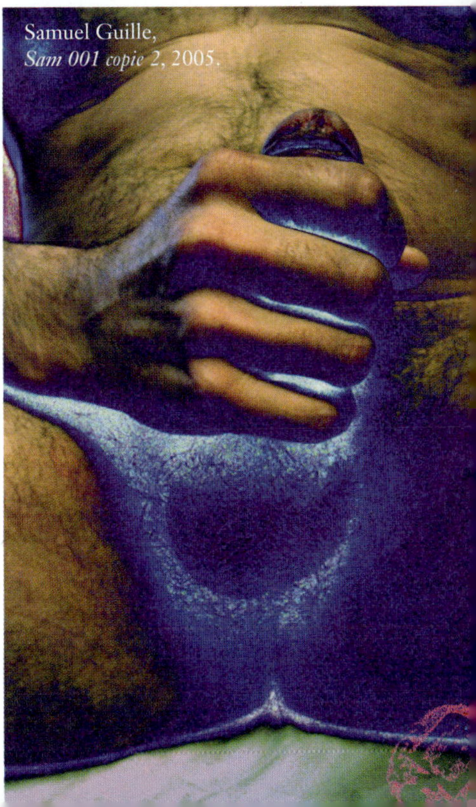

Samuel Guille,
Sam 001 copie 2, 2005.

Seul ou à deux, la masturbation n'est pas un péché !

Bien qu'elle soit médiatiquement valorisée, elle reste souvent associée à un vide affectif, à une insatisfaction. Et pourtant, elle ne devrait pas connaître de limite d'âge ni de situation matrimoniale. Personne ne devrait avoir à se justifier, ou à accuser l'autre de se masturber. C'est un rendez-vous de plaisir avec soi, qui peut permettre d'affiner la connaissance de son corps, de ses réactions. Elle est fortement recommandée aux femmes qui ont du mal à avoir des orgasmes, ou qui n'arrivent pas à s'entendre sexuellement avec leur compagnon, de façon à pouvoir mieux indiquer à leur partenaire ce qui leur donne du plaisir. Elle est également conseillée parfois aux hommes qui ont une éjaculation trop rapide, dans le but d'arriver à maîtriser la montée de leur excitation. Même satisfaits avec leur partenaire, beaucoup d'hommes et de femmes y ont recours pour apaiser une tension, se donner un plaisir d'une autre nature, plus vif, plus rapide, que celui obtenu dans la relation à deux. Au nom de quoi s'en priver ? Répétons-le haut et fort, elle n'entraîne aucune perturbation physique ou psychologique, à moins qu'elle ne devienne une addiction. Certains hommes se masturbent plusieurs fois par jour, notamment devant des films pornos, et n'arrivent plus à s'en passer, au point qu'elle vient perturber leur vie. Comme une drogue, la jouissance sexuelle leur procure une sorte de « flash » dont ils ont besoin de plus en plus souvent. À ce stade, seule une thérapie pourra leur venir en aide.

La pornographie gâche-t-elle le sexe ?

À la différence des animaux essentiellement dominés par leurs hormones, les humains fonctionnent également avec leur imaginaire. L'intérêt de la pornographie est de le stimuler, pour susciter une excitation sexuelle chez l'homme, la femme, ou le couple, pour peu qu'ils ne soient pas effrayés par ce qu'ils voient à l'écran. Certains disposent de nombreux fantasmes dans leur tête et n'ont pas la nécessité d'avoir recours à un support extérieur pour déclencher ou entretenir leur désir sexuel, d'autres en ont besoin. Les couples qui ont plusieurs années de vie commune peuvent également apprécier ce petit booster pour pimenter leurs nuits, casser la routine, le film pornographique servant alors de sel et de poivre sur la libido. Il est important de savoir ce que chacun peut accepter, en admettant toutefois l'idée d'être « un peu » choqué, car c'est la transgression qui émoustille. La pornographie peut aussi permettre d'apprivoiser ce qui rebute. Ainsi, un homme dégoûté par le cunnilingus s'est rendu compte que cette pratique l'excitait quand il la voyait à l'écran : petit à petit, il a dépassé sa répulsion première et a adopté cette pratique pour son plus grand plaisir et celui de sa compagne qui l'appréciait.

Des dérives possibles

L'avantage du film porno ? C'est qu'il montre tout. L'inconvénient ? C'est qu'il montre tout, enlève les nuances, à commencer par l'émotion. Cette impasse est risquée pour les hommes immatures sexuellement. Nous sommes dans une société où apparemment tout est permis et ces frontières floues perturbent les plus fragiles. Autrefois, le cadre était posé et on pouvait le transgresser en sachant où se situaient les limites, mais en l'absence de bornes, comment naviguer ? Chacun est renvoyé à sa propre morale, à l'édification de son propre cadre, ce qui demande une certaine stabilité psychique, incluant le respect de la morale et des limites de son ou sa partenaire. Certains gros consommateurs finissent par tomber dans l'addiction et, comme l'intérêt s'émousse au fil du temps, ils vont être contraints d'aller sur des sites de plus en plus hard. Bien souvent, ils sont accros aux mêmes scènes sadomasochistes, ou fétichistes, et ont besoin de stimulations de plus en plus importantes, avec une augmentation des violences… L'ennui est que les détracteurs parlent de ces films *borderline* pour condamner toute pornographie. Certes, il arrive que la femme y soit humiliée, mais ce n'est pas son but, qui reste essentiellement de montrer des femmes excitées sexuellement, ce qui excite les hommes. Autre écueil de la pornographie : certains hommes imaginent que cette stimulation majeure va leur garantir une bonne érection, ce qui est loin d'être garanti justement ! Ils visionnent des hommes en érection constante, souvent dotés d'un sexe disproportionné par rapport à la moyenne et qui ont l'air de faire jouir leur partenaire pendant des heures… Se trouver en compétition sexuelle avec Rocco Sifredi n'a rien de très rassurant! Enfin, une partie des *addicts* au film porno ont tellement pris l'habitude de se masturber devant des images qu'ils ne peuvent plus faire l'amour avec une partenaire en chair et en os sans ce soutien visuel: on imagine sans difficulté les problèmes qu'ils rencontrent... À ce stade, il est impératif de demander de l'aide pour se réconcilier avec son imaginaire, cette spirale étant vraiment sans issue. Enfin, trop de porno tue le porno... On voit certains de ses adeptes retourner leur veste et crier haro sur les films, sous prétexte de légalité, les arguments moralisateurs ou religieux ayant moins de poids aujourd'hui. Prenons garde à ces nouveaux papes de la vertu, comme nous l'évoquions dans le chapitre sur le retour de la morale: ils ne veulent plus se désaltérer dans l'eau qui les a rafraîchis jadis et s'emploient ardemment à en détourner les autres...

Les femmes n'aiment-elles vraiment pas les films pornos ?

Le porno n'est plus seulement une pratique d'hommes solitaires: de plus en plus de couples en regardent ensemble, pour mettre ensuite leur excitation en commun. Force est de constater qu'il doit y avoir des femmes qui en sont friandes, et qu'elles ne les visionnent pas forcément dans le seul but de plaire à leur partenaire. Cela dit, il est certain qu'il y a plus d'hommes que de femmes adeptes des films pornos, pour la bonne raison qu'ils sont conçus essentiellement par des hommes, pour l'univers fantasmatique masculin. Les canaux qui majorent l'excitation de l'homme passent par la vue et l'ouïe, sens majoritairement à l'honneur dans ces films. De son côté, la femme préfère souvent les films érotiques, étant avant tout intéressée par l'histoire – cruellement absente des films pornos – et par la montée de l'excitation plus que par l'acte sexuel lui-même ou la vision d'un corps morcelé. Elle souhaite généralement être considérée dans sa globalité, déteste être réduite à ses seins, ses fesses ou son sexe et s'émoustille peu devant une jouissance éclair, même si elle se répète pendant deux heures. Cela ne signifie pas pour autant que toutes les femmes se désintéressent des films pornos, loin de là. Parmi celles qui regardent plus volontiers des films érotiques, certaines finissent par trouver ces derniers bien gentillets, pas très excitants sexuellement. L'intérêt de la pornographie est de permettre aux femmes de reconnaître l'existence de la pulsion sexuelle brute, sans déni ni refoulement, ce qu'elles ont plus de mal à faire que les hommes. Elle constitue même une véritable aide pour celles qui ont des difficultés à identifier leurs sensations corporelles, ignorent les messages d'excitation envoyés par leur bas-ventre. Les femmes qui apprécient le porno aiment le côté instinctif, brutal de la sexualité et trouvent de l'intérêt aux ébats dénués de tout romantisme. Parfois même, elles sont bien plus attirées que leur compagnon par les films pornos, au grand dam de ces derniers qui se demandent s'ils ne seraient pas tombés par hasard sur une obsédée sexuelle… Un certain nombre de consultations tournent autour de cette problématique, et le couple attend du sexologue, à tort bien sûr, qu'il tranche, l'univers fantasmatique étant propre à chacun et à chacune, au-delà des clivages hommes/femmes traditionnels. Que les femmes se réconcilient avec l'aspect pulsionnel de la sexualité, on ne peut que s'en

Photographie d'Aldo Sperber, 2010.

réjouir : elles font preuve d'une autonomie, d'une sexualité mature, n'attendent plus que ce soit uniquement le grand amour qui les émoustille. Mais il ne faudrait pas pour autant qu'elles s'y obligent. Le porno, pour les hommes comme pour les femmes, ne supporte que ce mot d'ordre : « Si je veux, quand je veux ».

Des films pornos pour les femmes ?

La pornographie est aujourd'hui sortie de l'ombre et des salles obscures qui affichaient « Films X interdits aux mineurs ». En perdant son côté sordide, en allant du côté du porno chic, elle s'est mise à séduire les femmes, d'autant qu'elle est devenue accessible par le biais des chaînes câblées et des vidéos à la demande qui permettent d'en visionner depuis son canapé, selon ses envies. Certaines réalisatrices se sont mises à concocter des films à histoires, sans enlever le côté cru du film porno pour hommes. Le site secondsexe.com propose également sur Internet des vidéos plus proches des fantasmes féminins, qui misent sur la sensualité et l'esthétisme. Le vrai défi serait le développement de ces films pornographiques qui stimulent les femmes, si sensibles à l'imaginaire dans la relation sexuelle, mais, malheureusement, ces productions restent mineures. La plupart de ces films sont tournés avec des budgets ridicules, fabriqués à partir de plans séquences collés les uns derrière les autres, sans grand souci de cohérence : la blonde au début du rapport est souvent brune ou rousse à la fin. Cherchez l'erreur…

Le *sex toy*, est-ce indispensable pour être libérée ?

Le *sex toy* ne date pas d'hier, il existait déjà il y a deux mille cinq cents ans, comme l'attestent les spécimens trouvés dans les tombes égyptiennes. Aujourd'hui, il s'est totalement banalisé et, à l'instar du film porno, n'a plus rien à voir avec le godemichet d'antan qui évoquait frustration, voire perversion, alors qu'il a exactement la même fonction… Le slogan des séries télé telles que *Sex and The City*, « Je suis libre et libérée, fière de mon sexe à pile », en dit long sur l'évolution des mentalités. En changeant de nom pour un terme ludique qui associe le sexe au jouet, il est sorti définitivement de l'ombre. Avez-vous remarqué ? Nous utilisons de plus en plus fréquemment des noms anglais, *hard, hot, sex toy, hotline*, une façon de mettre à distance ce qui peut encore effrayer, bref, de rhabiller les mots, pour les apprivoiser. Désormais, on trouve des *sex toys* un peu partout, même dans les villages les plus reculés de France, au rayon droguerie, entre les balais et le liquide vaisselle. Une petite gêne subsiste ? On peut le commander sur Internet, ou organiser des réunions entre copines, ce qui permet de passer une joyeuse après-midi entre fous rires et confidences érotiques. La forme du *sex toy* lui-même évoque, comme son nom, l'univers du jouet : canard, lapin, aux couleurs de l'enfance... D'ailleurs, l'originalité des modèles ne connaît pas de limites et il existe des *sex toys* musicaux, comme celui créé à l'effigie de la chanteuse Mylène Farmer, glissé dans un écrin noir en forme de cercueil et qui s'ouvre sur une chanson de la chanteuse... Bref, toutes ces panoplies visent à réduire la honte, ce qui augmente les chances d'avoir du plaisir. Preuve qu'il n'est pas réservé qu'aux célibataires frustré(e)s ? Il est devenu le cadeau coquin et tendance à s'offrir pour la Saint-Valentin. Ses avantages sont nombreux : il permet aux femmes de se sentir moins gênées dans la découverte de leur corps, et même celles qui font de la résistance à la masturbation hésitent moins à se servir d'un objet intermédiaire pour avoir du plaisir. Une femme qui se croyait frigide peut découvrir qu'elle ne l'est pas et mettre cette découverte à profit lors d'une prochaine rencontre. Il peut encore introduire dans le couple une dimension supplémentaire, à condition de rester un jeu agréable et facultatif entre les deux partenaires.

Que du bonheur le *sex toy* ? Tant qu'il ne vient pas se mettre au milieu de la relation humaine, oui. Mais parfois, la sophistication de l'objet rend la sexualité plus difficile. Ainsi, une femme, ayant découvert que le *sex toy* branché sur secteur offrait des vibrations plus intenses que le modèle à pile, ne parvenait plus à atteindre l'orgasme sans cette stimulation forte, *a fortiori* encore moins avec son partenaire. L'autre écueil serait de devenir autosuffisant : pourquoi m'encombrer d'une relation ? j'ai tout ce qu'il faut dans mon tiroir, constatent avec amertume certaines femmes, déçues par leurs expériences amoureuses malheureuses. Il est vrai que le *sex toy* ne pose pas de question, ne tombe jamais en panne et donne du plaisir à tous les coups… Mais une telle attitude ne rappelle-t-elle pas la position de l'enfant qui ne supporte pas la frustration, n'a aucune envie de faire des concessions ? Chacune aurait ce qu'il faut dans son sac à main pour éveiller son désir et le calmer, comme elle prenait autrefois la sucette dans la bouche, ou tortillait les oreilles de son ours avant de s'endormir. Toute excitation trouve le moyen de s'apaiser sans attendre. Le problème, c'est que le désir se nourrit toujours d'attente et d'une part de frustration.

Le risque du *sex toy* serait de réduire la sexualité à un acte mécanique, à une pratique hygiénique. Même quand il reste un objet du couple, tout dépend encore de la place qui lui est donnée dans la relation, car il peut alimenter les discordes. Une femme qui a du plaisir avec son *sex toy* et pas avec son compagnon risque d'en conclure un peu rapidement que c'est à cause de lui puisque, seule, elle n'a aucun problème ! L'homme va alors prendre le *sex toy* comme un rival, s'énerver contre ce canard : au lieu d'être un objet de complicité, le voilà transformé en motif de guerre.

Parfois, il devient un partenaire indispensable à la relation, tiers de plus en plus encombrant, donnant à la relation sexuelle un tour obsessionnel, qui enferme le couple plus qu'il ne l'ouvre à une pratique supplémentaire.

Enfin, il peut créer un malaise dans le couple quand l'un l'offre et qu'il essuie une fin de non-recevoir. Si l'on sent que l'autre est à mille lieues d'aller dans ce sens, mieux vaut garder le canard pour ses plaisirs solitaires ; après tout, chaque adulte a le droit d'avoir son jardin secret. La proposition ouverte reste la meilleure des formules, à faire en dehors de la relation sexuelle car il peut être très violent pour un homme ou une femme de voir l'autre brandir un *sex toy*, alors qu'il ou elle ne s'y attend pas. À l'inverse, chacun peut penser de son côté que l'autre n'aimerait pas l'objet et n'ose s'en ouvrir, de peur de le choquer. S'il trouve sa place dans le couple, le *sex toy* peut venir renforcer la complicité sur le plan intime et émotionnel, sans toutefois, rappelons-le, être incontournable pour avoir une sexualité satisfaisante. Notre société s'y entend pour nous présenter les objets de toutes sortes comme indispensables à notre bonheur. Dans ce domaine, comme dans bien d'autres, gardons-nous de tomber dans ce panneau.

L'échangisme relance-t-il le désir ?

En tout cas, la plupart des adeptes, ou ceux qui sont tentés, le pensent. Pour beaucoup de couples, il s'agit encore d'une transgression, même si la pratique est devenue de plus en plus banale. Les clubs se multiplient et sont fréquentés par des personnes de plus en plus jeunes. Or, en se démocratisant, l'échangisme perd de son parfum d'interdit, l'amour à plusieurs devient moins transgressif, car ce qui excite le plus est bien sûr de franchir une limite personnelle. Mais une fois passé le pont, que reste-t-il ? Il va sans doute falloir monter les enchères pour varier les plaisirs. « C'est toujours la même chose », se plaignent certains, mais ne peut-on pas faire le même constat à propos de l'acte sexuel, quel que soit le contexte ? Quand le couple fréquente un club, il estime ne pas se tromper puisqu'ils y vont ensemble, mais ce n'est pas forcément une bonne idée… L'exemple de ce couple en témoigne : il avait établi un code, interdit de s'embrasser au club échangiste, aussi passaient-ils leur temps à se surveiller l'un l'autre. Tout était sous contrôle, ce qui n'est pas à proprement parler un moteur du désir ! Cela dit, si les hommes et les femmes y trouvent un moyen de pimenter leur vie sexuelle, pourquoi pas ? Faire l'amour à plusieurs, voir et être vu font partie des fantasmes les plus courants, mais quand le couple ne peut plus fonctionner seul dans sa chambre à coucher, ayant besoin de cette situation pour jouir, la liberté qu'il s'est accordée devient un carcan. Enfin, il faut revisiter cette idée comme quoi l'interdit relancerait le désir, rien n'est moins sûr sur le long terme, car tout interdit transgressé devient au fil du temps une banalité. Que faut-il inventer d'autre pour se stimuler ? Le piège de l'escalade est enclenché.

Les préliminaires sont-ils vraiment indispensables ?

Pendant des siècles, la question des préliminaires pour les femmes ne se posait pas. Quand elles se sont réveillées de leur long sommeil et ont souhaité avoir une vie sexuelle épanouie, elles ont découvert qu'elles en avaient besoin. Toutes ? Pas toujours. Certaines aiment parfois les rapports rapides, sans temps de préparation, à d'autres moments, elles ont envie de plus de caresses. Toute la question est de rester ouvert. Plus la femme saura comment elle fonctionne, plus le jeu sera facile. Toutefois, il est vrai que, en général, elle a besoin de plus de temps pour que son désir s'éveille, et que cela passe par les préliminaires. Ils durent en moyenne entre deux et trois minutes, quand les femmes disent qu'idéalement, elles aimeraient vingt minutes. À ce chiffre, les hommes sont épouvantés, à moins qu'ils n'aient des problèmes d'érection : ils sont alors d'accord pour les faire durer des heures, mais ce sont les femmes qui à leur tour s'impatientent. Parfois, les hommes aussi aiment les caresses et sont demandeurs, notamment de fellation, qu'ils appellent souvent « gâterie ». Si leur femme la leur refuse, ils n'est pas rare qu'ils aillent voir une prostituée uniquement pour cette pratique. D'autres ont besoin de cette stimulation quand ils ont une érection fragile, ce qui agace les femmes qui ont le fantasme de faire bander l'homme rien qu'à leur vue. En fait, le préliminaire n'est jamais le vrai problème. Ce ne sont ni le temps ni la technique qui sont en jeu, car lorsqu'on joue, on ne compte pas les minutes, on peut faire durer ou pas les préliminaires, rien n'est important. Au fond, tout est encore une question de relation : quand elle est défectueuse, on a beau jeu d'en faire un problème technique. L'idéal n'est-il pas que chacun essaie de donner du plaisir à l'autre ? Avec ou sans préliminaires, selon les goûts et l'humeur du moment.

Quand il y a un problème, faut-il en parler ?

La plupart du temps, si l'homme et la femme ont suffisamment d'expérience – et on ne parle pas d'avoir eu deux cents amants – ils vont tranquillement à la rencontre l'un de l'autre, et l'entente va s'améliorer au fil du temps. La situation se complique quand surgissent les premiers vrais couacs, sur lesquels le couple va se mettre à discuter, chacun se référant au contexte sociologique pour se dédouaner de sa responsabilité, de son propre questionnement, tant il est toujours plus facile de se cacher derrière le groupe. Le reflexe est de s'abriter derrière des lieux communs : « Tous les hommes sont comme ci, toutes les femmes comme ça », ainsi, ce n'est pas moi qui suis en cause… Souvent, la

Le Sens de la vie pour 9,99 $, un film d'animation de Tatia Rosenthal, 2008.

femme agit comme si elle n'était pas concernée, attendant que l'homme devine ce qu'elle aime, mais personne ne gagne à ce jeu-là, si ce n'est le léger soulagement de penser avoir raison. Camper sur sa position, « moi, je suis normal(e) », ne fait pas avancer la situation. La question de base est la suivante : le couple veut-il tout comprendre ou aller mieux ? Beaucoup de couples raisonnent trop et manquent d'intelligence relationnelle, et ils ont beau savoir intellectuellement comment ils devraient faire pour améliorer la situation, ils n'y parviennent pas. Le bien-être sexuel de chacun est souvent dépendant de son histoire, de sa vision de sa masculinité, de sa féminité ; si l'homme et la femme ne sont pas en paix avec leur identité sexuelle, les problèmes surgissent. Il faudrait commencer par accepter la différence de l'autre, car si aucun des deux n'est prêt à s'adapter à l'autre, le couple va s'enfermer dans des discussions sans fin, ce qui ne va pas le conduire sous la couette, mais l'en éloigner, car plus on parle de manière intellectuelle, plus on se coupe de son émotion. De façon semi-inconsciente, ces couples discutailleurs savent trop bien de quoi ils ne parlent pas et leurs paroles viennent souvent masquer des peurs fondamentales : est-ce que tu m'aimes vraiment ? Est-ce que tu ne vas pas m'abandonner ? Toute l'insécurité de chacun rejaillit, les deux sont une fois de plus en miroir avec leur grande crainte, celle d'être quitté(e). La colère explose alors sur n'importe quel sujet, tout devient prétexte à conflit, mais le sujet réel n'est pas abordé. L'homme pense que s'ils faisaient l'amour, ils se disputeraient moins, la femme, que s'ils se disputaient moins, ils feraient plus l'amour, cercle vicieux garanti ! Comment faire pour que la situation change positivement ? Seul, ou avec l'aide d'un thérapeute, chacun peut commencer à se questionner sincèrement : pourquoi est-ce que je ne fonctionne pas ? Quand un problème surgit, le couple veut-il régler la situation ou bien régler des comptes ? Prenons l'exemple de la femme qui trouve que l'homme se précipite trop, elle a deux solutions : soit elle s'insurge sur le mode du reproche, soit elle ralentit le rythme avec des gestes, des mots doux. Dans le premier cas, l'homme va se recroqueviller, penser que décidemment « toutes les femmes sont des emmerdeuses » et le rideau tombe, fin de la partie. Dans le second, elle a souligné, mis en avant, non pas ce qu'il faisait mal, mais ce qu'elle préférait, elle. Dans 99 %

des cas, il n'aura pas besoin d'un exposé en trois points, adoptera ce nouveau rythme bénéfique aux deux. Enfin, il arrive que, malgré le mieux être sur le plan sexuel, les problèmes de couple ressurgissent, le dysfonctionnement n'était alors qu'un arbre qui cachait une forêt de soucis plus profonds : ce sont à eux qu'il faudra s'attaquer.

Les hommes qui aiment la sodomie ont-ils des tendances homosexuelles ?

Pas du tout. La sodomie est une variante de l'amour prisée, en général, par les hommes, car ils trouvent excitant d'avoir le pénis plus serré que dans le vagin, surtout lorsque ce dernier est plus relâché, moins tonique, après des grossesses ou à la ménopause. Ajoutons que la femme n'accorde pas cette pratique à tous ses partenaires, il faut qu'elle se sente en confiance et ne le fait souvent qu'après plusieurs approches. Elle montre ainsi à l'homme qu'elle lui offre une partie très intime d'elle-même : quoi de plus valorisant pour lui ?

Lithographie de Paul Edouard-Henri, XIXe siècle.

Faire l'amour après cinquante ans, est-ce compliqué ?

Avec le temps, le corps change, certes, mais la sexualité, elle, dure toute la vie. Parvenu à cet âge, les deux écueils à éviter sont de se préoccuper sans cesse des années qui passent, de se surveiller comme le lait sur le feu, ou de faire comme si l'on avait toujours vingt ans, car l'âge finira par se rappeler à nous... Dans le domaine de la santé, à vingt ans, les ennuis paraissent loin, mais à cinquante, mieux vaut s'en soucier, sans excès, mais sans négligence. C'est l'âge de la prévention, qui se résume à deux règles de base, connues de tous : manger moins, bouger plus. Faire du sport est une façon de prendre en considération son corps et de mincir, car en augmentant ses muscles, on dépense des calories, même au repos. Vous n'avez jamais chaussé de baskets ? Il n'est jamais trop tard pour bien faire et entamer à cinquante ans une activité physique en douceur. Vous n'avez pas fait de sport depuis longtemps ? Commencez par bouger un court moment, vous allez sentir votre corps se dérouiller petit à petit et avec bonheur. En revanche, mieux vaut que les adeptes de la compétition l'abandonne, car elle malmène le corps et risque de faire plus de mal que de bien. En sport, il faut toujours souffrir un peu pour améliorer son potentiel, en se gardant de trop tirer sur la corde, au risque de se casser ou de faire une attaque. S'il est bon de prendre soin de sa santé, il peut être néfaste d'en faire une obsession : comment se laisser aller en sexualité quand toute la vie, et notamment son corps, est sous contrôle ? Rappelons que nous faisons mieux l'amour quand nous sommes bien avec nous-mêmes, apaisement qui se transmet à l'autre. Et cela est vrai à tout âge...

Théoriquement, l'avantage du temps qui passe en sexualité, c'est que l'on a plus d'expérience. La force de l'âge est de savoir prendre son temps, de jouer dans cet espace, d'en jouir dans tous les sens du terme et de laisser de côté l'inquiétude de ne pas fonctionner tout de suite comme à vingt ans. L'atmosphère sexuelle, l'ambiance de connivence permettent de compenser les difficultés : dès lors, nous percevrons plus le fait d'être bien avec l'autre que l'érection moins ferme, la lubrification plus lente... Pas mal d'hommes, nous l'avons vu, s'inquiètent de la longueur de leur verge, se déshabillent dans le noir, s'affolent à la moindre difficulté, qu'ils attribuent aussitôt à la taille de leur pénis. Si la femme dit à son partenaire, inquiet : « Je ne te sens pas », son monde s'écroule, tant il est tourné vers son inquiétude, alors qu'elle est sûrement en train de lui dire qu'elle ne sent pas sa présence ! Si ce même homme, quelques années plus tard, réussit dans son travail, il est plus tranquille, plus présent dans la relation, dans l'acte sexuel, et sa partenaire va le sentir de mieux en mieux, indépendamment de la taille de son sexe qui, elle, n'aura pas varié d'un iota ! Même si, anatomiquement, il est moins performant à cinquante ans, sa confiance en lui augmentera ses sensations. L'écueil ? Une fois de plus, qu'il mette sur le dos de sa partenaire la vigueur perdue de ses vingt ans, l'accusant de ne pas savoir s'y prendre.

L'idée reçue encore à laquelle il faut tordre le cou est qu'après cinquante ans, l'homme a forcément besoin de stimulants sexuels – Viagra, Cialis ou Levitra –, ce qui est faux, et heureusement. Certains à trente ans en ont besoin, d'autres n'y auront jamais recours. Cela dit, la sexualité est un peu comme le sport : celui qui n'a jamais cessé fonctionnera mieux.

La femme, elle, connaît mieux son corps et sait se mettre en valeur. Elle est plus au fait de ses désirs et les traitements locaux viennent facilement à bout des soucis de sécheresse vaginale, liés à la ménopause. Bien sûr, certaines n'attendaient que l'arrêt de leurs règles pour cesser toute activité sexuelle, mais pour beaucoup d'autres, au contraire, la cinquantaine sera une période bénie ! Quand nous faisons l'amour, nous sentons notre corps plus beau, plus sexy, plus en forme. De récentes études indiquent même que la sexualité participe à la longévité. Que du bonheur, donc...

Malade, peut-on encore faire l'amour ?

La sexualité peut aider à guérir, ou en tout cas à mieux supporter la maladie. Quand le malade commence à penser aux choses agréables de la vie, et la sexualité en est une, il augmente considérablement ses chances de guérison. Aujourd'hui, les équipes médicales y sont sensibles et font des efforts pour que la vie sexuelle puisse être maintenue. Ainsi, en cas de cancer de la prostate, lors de l'ablation, il existe un risque de toucher aux nerfs érectiles : un protocole permet à l'homme de retrouver une érection par des injections au niveau de la verge qui apportent une meilleure irrigation, et donc une meilleure érection. Résultat, l'homme reprend confiance en lui, refait l'amour et fonctionne de mieux en mieux, tant la fonction crée l'organe dans ce domaine ! Pour le cancer du sein, le médecin agit principalement sur la sécheresse vaginale qui survient du fait du manque d'hormones et entraîne un grand inconfort. Il existe toute une panoplie de gels lubrifiants, de comprimés non hormonaux d'hydratation intime, de capsules vaginales, qui sont autant de béquilles pour réapprendre à marcher progressivement, sans chercher à courir immédiatement. Il ne s'agit pas d'essayer de revenir comme avant, au risque d'aller dans le mur, mais d'ouvrir un petit coin de ciel bleu… C'est un peu comme après une longue période de solitude : il se s'agit pas de refaire l'amour comme il y a cinq ans, il faut accepter une période de réadaptation pour recycler son corps et sa tête sur le mode sexuel.

SERGE HEFEZ
(Psychiatre, psychanalyste)

La liberté sexuelle confrontée à la jalousie

– Tu m'avais juré que tu ne la voyais plus.

– J'ai essayé, mais je n'y arrive pas.

– Et moi, je n'arrive pas à supporter ça. Il faut que tu choisisses, c'est elle ou moi.

– Mais Véro, je ne PEUX pas choisir. […]

– C'est toi qui m'as amenée là-bas. Comment j'aurais pu imaginer, moi, que j'aimerais que tu me regardes me faire prendre par une bande d'hommes masqués.

Nous nous taisons tous les trois. Elle reprend.

– Au point de recommencer chaque semaine pendant des mois ?

Il se tait toujours, moi aussi.

– Et comment je pouvais imaginer que tu trouverais là-bas une femme avec qui tu me trompes depuis de semaines ?

– Enfin, Véro, vu le nombre d'hommes que tu rencontres là-bas, tu pourrais admettre que moi, j'ai UNE petite relation, non ?

– Non, non, non ! ça n'a rien à voir du tout. Là-bas, on y va ensemble. Le gang bang, on le fait ensemble : tu es là, avec moi, même si tu ne fais que regarder. C'est un truc entre nous. Je n'ai jamais rien fait sans toi, moi…

Serge Hefez, *Scènes de la vie conjugale*,
Fayard, 2010.

WOODY ALLEN
(Réalisateur, acteur et humoriste)

Ça compte aussi !

Hé ! Ne te moque pas de la masturbation ! C'est faire l'amour avec quelqu'un qu'on aime !

Woody Allen, *Annie Hall*, 1977.

PHILIP ROTH
(Écrivain américain)

La perle fine

Je lui ai demandé (comme elle attendait semblait-il cette question de moi) si elle avait jamais fait l'amour avec une autre femme.

– Non jamais.
– Ça vous plairait ? Ça vous plairait que je le fasse ?
– Pourquoi pas, oui.
– Vous aimeriez regarder ?
– Je pense, oui.
– Alors, ça pourrait peut-être s'arranger.
– Vraiment ?
– Vraiment.
– Alors ça risquerait de me plaire.

« Oh », dit-elle avec une jolie pointe de sarcasme, « ça ne m'étonnerait pas. »

Elle me raconta alors qu'un mois plus tôt seulement, alors qu'elle avait attrapé je ne sais quel virus, un couple de sa connaissance était venu chez elle pour lui faire à dîner. Après le repas, ils lui avaient demandé de les regarder s'enfiler. Ce qu'elle avait fait. Elle s'était assise sur le lit avec une température de 38,9.

Ils s'étaient déshabillés et avaient commencer à s'activer sur la descente de lit – « et tu sais ce qu'ils voulaient que je fasse pendant qu'ils baisaient ? »

– Non.

– Il y avait des bananes sur le buffet, dans la cuisine et ils voulaient que j'en mange une tout en les regardant.

– Pour les arcanes du symbolisme sans doute.

– Les *quoi* ?

– Pourquoi voulaient-ils que tu manges cette banane ?

– Mec, je n'en sais rien. Je crois qu'ils voulaient être sûrs que j'étais *vraiment* là. Ils voulaient comme qui dirait *m'entendre*. M'entendre mâcher. Dis donc, tu te contentes de sucer ou tu baises aussi ?

La Pearl Finn ! Ma putain de l'Empire burlesque – sans les nichons, mais tellement belle !

– Je baise aussi.

– Eh bien moi de même.

– Tu parles d'une coïncidence, dis-je, qu'on soit tombés l'un sur l'autre.

Philip Roth, *Portnoy et son complexe*, traduction de H. Robillot, Gallimard, coll. « Folio », 1973.

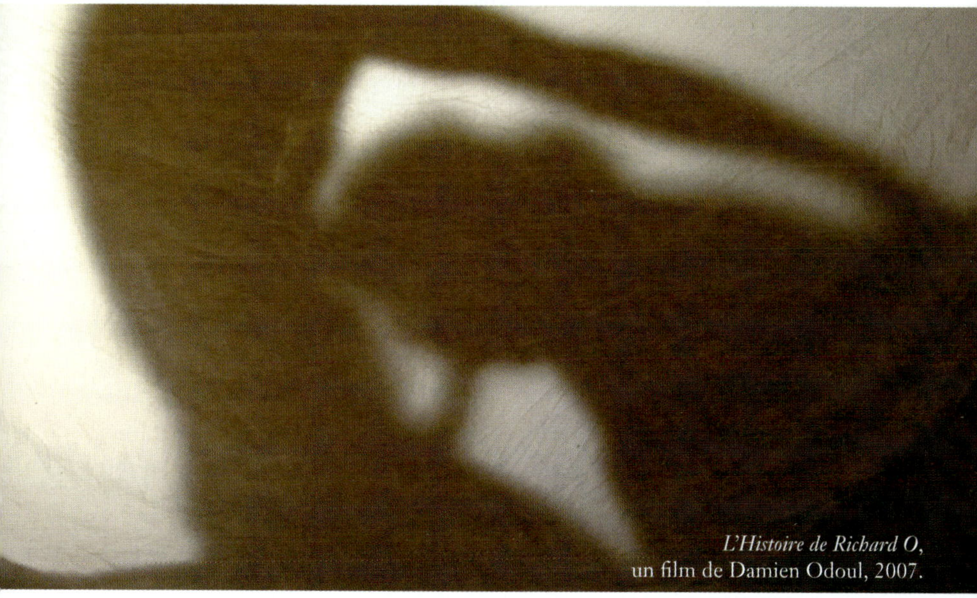

L'Histoire de Richard O, un film de Damien Odoul, 2007.

HILDA HUTCHERSON
(Gynécologue)

NATHALIE GIRAUD
(Journaliste)

Pourquoi les hommes aiment tant la fellation

Demandez à un groupe d'hommes de citer un plaisir sexuel dont ils ne profitent pas assez souvent et il y a de fortes chances que la plupart vous répondent « la fellation ». Le fait est que les hommes adorent le sexe oral. Il est facile d'imaginer pourquoi. Si se trouver à l'intérieur de votre vagin doux, chaud et humide est agréable, votre bouche douce, chaude et humide leur réserve bien plus de surprises. Avec vos lèvres, votre bouche, votre langue, vous pouvez créer une multitude de sensations agréables et uniques pour l'homme. Vous pouvez danser autour de ses parties les plus sensibles avec votre langue. En guidant son pénis avec vos mains et en appliquant une certaine pression avec votre bouche, vous pouvez contrôler la profondeur de la pénétration. Vous pouvez appliquez des degrés variés de succion, ou tout au moins, les parties que vous pouvez atteindre.

Contrairement au coït, la fellation ne lui donne aucune raison de s'inquiéter de sa performance. (En fait, il n'a même pas besoin d'avoir une érection pour recevoir du plaisir oral.) Lorsque vous pratiquez le sexe oral sur votre compagnon, il n'a qu'à s'allonger et en profiter. Comme il n'a pas à travailler, il peut s'abandonner et se concentrer plus intensément sur les sensations agréables que vous lui procurez. Son orgasme peut même être plus intense que celui qu'il aurait avec une pénétration. […]

Mais ce n'est pas seulement une technique à utiliser quand on ne peut pas faire autre chose, ni une garantie de plaisir pour lui uniquement. Certaines femmes ressentent en effet beaucoup de plaisir lorsqu'elles pratiquent une fellation. La vue des organes génitaux de votre partenaire dans un état d'excitation sexuelle peut être très sexy.

Ainsi, il se peut que *vous* vous sentiez toute-puissante et dominante. Certaines femmes sont même capables d'avoir un orgasme déclenché par les aspects émotionnels et physiques intenses de la fellation et des fantasmes qu'elles lui associent. Ne la fuyez pas : au contraire, je vous encourage à maîtriser l'art de la fellation et à profiter des plaisirs qu'elle vous apportera à tous les deux.

Si la plupart des hommes se délectent à la pensée du sexe oral, certains le craignent. Et même si ce n'est pas le cas de votre compagnon, il suscite peut-être toutefois quelques sentiments d'insécurité chez lui. Tout comme les femmes, les hommes ne trouvent pas toujours facile de se détendre lorsque vous vous trouvez très près de leurs organes génitaux. Cela peut sembler bête, mais il est possible qu'il s'inquiète de savoir ce que vous pensez de son pénis. Le trouvez-vous attrayant ? Est-il assez gros pour vous ? Avez-vous remarqué qu'il penche un peu d'un côté ? Trouvez-vous qu'il ne sent pas bon ? Êtes vous dégoûtée par son odeur ou son goût ? Est-il suffisamment dur ? Le restera-t-il suffisamment ? Voici les pensées qui pourraient lui venir en tête, même si son plaisir est maximal.

Mais vous savez ce que c'est que de n'être pas sûre de soi sexuellement. Il est très facile de ne pas se sentir à la hauteur lorsque vous êtes nue et vulnérable et que vous ne pouvez cacher aucun défaut de votre anatomie. Soyez sensible à toutes les inquiétudes qu'il pourrait avoir. Lorsque vous êtes à proximité de son pénis, faites lui savoir que vous aimez ce que vous voyez, entendez, touchez, sentez et goûtez. Et faites-lui également savoir qu'une seule chose vous préoccupe : lui donner du plaisir.

Sachez également que sa réticence est peut être plus psychologique que physique. Si votre compagnon a reçu des messages négatifs sur le sexe et la sexualité, il se peut qu'il ait du mal à accepter le plaisir, qu'il se sente bloqué par des sentiments de culpabilité et de honte. Une technique sexuelle telle que la fellation, peut être plus encore que l'amour « classique », peut faire resurgir certains de ces sentiments. La communication est ici essentielle. Efforcez-vous de parler de tous les sentiments négatifs qu'il pourrait avoir, mais ne commencez pas à l'interroger pendant des heures juste avant une fellation. Choisissez un moment calme, lorsque vous n'êtes pas dans le feu de l'action, et essayez de le faire parler.

Hilda Hutcherson, Nathalie Giraud, *Plaisir. Manuel pratique du sexe à l'usage des femmes…, de toutes les femmes*, Leduc, 2008.

DESMOND MORRIS
(Zoologiste britannique)

L'éloge des fesses bombées

Nos prédécesseurs copulaient par l'arrière, comme les autres primates. Donc, les signaux sexuels de la femme sont apparus à l'arrière, à l'instar d'autres espèces... Les femelles dont le derrière était plus bombé émettaient les signaux sexuels les plus puissants, et cette caractéristique se développa jusqu'à ce que les fesses deviennent énormes.

Desmond Morris, *La Femme nue*, traduction de B. Loveluck, Calmann-Lévy, 2005.

PHILIPPE BRENOT
(Psychiatre et sexologue)

La bête à deux dos

Aussi nombreuses et fleuries sont les dénominations de la langue française qui jouent autant de leur grand pouvoir d'évocation : laissez-vous faire un aller-retour, la cul-bute, l'omnibus renversé, la conquête des deux hémisphères, les ciseaux chatouilleurs, la langue d'Hercule. [...] Mais rien à mon avis n'égale la fondamentale bête à deux dos lorsqu'Antonin Perbosc nous conte la mésaventure de Jean du Coudreur qui, ayant perdu son âne, vient à passer là où il n'aurait pas dû :

« Oh, qu'aucun de vous en se dérange ! dit-il, mais renseignez-moi s'il vous plaît : vous autres, qui voyez à la fois terre et ciel, n'auriez-vous pas vu passer mon âne ? »

Philippe Brenot, *Les Mots du sexe*, L'Esprit du temps, 2001.

GEORGES MOUSTAKI

(Chanteur)

Le cœur indifférent

MOI, JE M'EN BALANCE

Moi, je m'balance,
Je m'offre à tous les vents,
Sans réticences,
Moi, je m'balance,
Je m'offre à qui je prends,
Le cœur indifférent,

Venez, venez vite,
J'veux tout, mais tout de suite,
Entrez dans ma danse,

Moi, je m'balance,
Dégrafez les cols blancs,
De vos consciences,
Moi, je m'balance,
Mon lit est assez grand,
Pour des milliers d'amants,

Moi, je m'balance,
Au soleil de minuit,
De mes nuits blanches,
Moi, je m'balance,
Chacun sera servi,
Mais c'est moi qui choisis,

C'est moi qui invite,
C'est moi qui vous quitte,
Sortez de ma danse,

Moi, je m'balance,
Parmi tous vos désirs,
Vos médisances,
Moi, je m'balance,
Sans adieu ni merci,
Je vous laisserai ici,
Sans adieu ni merci,
Je vous laisserai ici,

Car j'm'en balance,
J'm'en balance,
J'm'en balance,

Moi, je m'balance,
Au soleil de minuit,
De mes nuits blanches,
Moi, je m'balance,
Chacun sera servi,
Mais c'est moi qui choisis,

C'est moi qui invite,
C'est moi qui vous quitte,
Sortez de ma danse,

Moi, je m'balance,
Parmi tous vos désirs,
Vos médisances,
Moi, je m'balance,
Sans adieu ni merci,
Je vous laisserai ici,
Sans adieu ni merci,
Je vous laisserai ici,

Car j'm'en balance,
J'm'en balance,
J'm'en balance,
J'm'en balance...

Georges Moustaki, *Moi, je m'en balance*, 1969.

Le plaisir est le but **ultime** recherché dans la sexualité. Mais le chemin qui y conduit est souvent pavé **d'embûches**, là encore parce que homme et femme ne connaissent pas toujours les secrets de leur anatomie respective.

2 LE PLAISIR

L'éjaculateur est-il un égoïste qui ne pense qu'à lui ?

L'éjaculation précoce est le premier motif de consultation de l'homme jeune devant l'impuissance ou les troubles du désir. C'est dire s'il concerne beaucoup d'hommes et de couples. Est-il en hausse ? Rien ne permet de le dire. Il est certain que lorsque les femmes ne voyaient dans l'acte sexuel qu'un pénible devoir conjugal, elles ne devaient pas être si mécontentes que l'affaire soit bouclée rapidement, mais désormais, elles n'ont plus envie de rester sur leur faim, ce qui se comprend très bien. De là est née l'idée que l'éjaculateur précoce ne se soucierait que de son plaisir, et peu de celui de sa compagne, ce qui rejoint une autre idée reçue que nous développerons un peu plus loin, à savoir que l'éjaculation produirait une jouissance automatique.

Cette interrogation s'appuie sur le présupposé qu'il suffirait que l'homme fasse attention pour que l'éjaculation n'ait pas lieu. Mais il faut savoir que, lorsqu'il a dépassé un certain seuil d'excitation, celui-ci ne peut absolument plus se retenir d'éjaculer. Or, ceux qui souffrent de ce trouble ne voient pas venir ce seuil et se retrouvent littéralement débordés par leur éjaculation. L'écrasante majorité des hommes atteints de ce trouble en souffrent profondément et certains éjaculent même avant la pénétration, fait si douloureux pour eux qu'il conduit parfois au suicide. L'éjaculateur précoce a beau faire tous les efforts du monde, rien n'y fait. Pire encore, plus il se concentre, plus il se crispe, et plus l'éjaculation est rapide, le cercle vicieux est en route ! Ce trouble frappe prioritairement les hommes anxieux, ceux qui manquent de confiance en eux, ce qui explique qu'il touche souvent les hommes jeunes. Le principal problème de l'éjaculation précoce est que celle-ci se transforme en réflexe corporel et, comme tout réflexe, peut devenir automatique, d'où la nécessité de ne pas la laisser s'installer trop longtemps. En tout cas, elle n'a rien à voir avec un quelconque égoïsme… Les premiers psychanalystes ont avancé que ces hommes avaient souvent un problème avec leur désir et avec la féminité : ils vivraient l'éjaculation comme une agression vis-à-vis de la femme et n'auraient qu'une envie, qu'elle soit la plus rapide possible pour s'en débarrasser. Mais en consultation de sexologie, ces cas sont les plus rares et la majorité des hommes sont plutôt englués dans une angoisse et un désir de bien faire, sans parvenir à remplir ce qu'ils estiment être leur fonction d'homme. Les anthropologues ont également leur avis sur la question: les hommes des cavernes, toujours sur le qui-vive quant à une agression potentielle de mammouths ou d'ennemis, auraient pendant des siècles éjaculé rapidement pour être sûrs d'arriver à leurs fins: pas le temps de batifoler, il fallait se reproduire! Cette théorie est contestée par l'anthropologue Pascal Picq, qui avance que nos ancêtres devaient probablement faire l'amour à l'abri dans leurs cavernes, bien confortablement installés sur des peaux de bêtes, autour du feu, et ne devaient pas avoir tant besoin de se presser... Quoi qu'il en soit, nous ne sommes plus des hommes préhistoriques, nous savons que l'amour physique a besoin d'étirer le temps pour que la jouissance soit forte. L'homme qui éjacule vite n'a qu'une jouissance moindre, sans parler de sa culpabilité par rapport à sa partenaire, et il en est le premier pénalisé. Il est rare que l'homme ne rencontre ce trouble qu'avec une seule femme, sauf si cette dernière se montre particulièrement castratrice et que l'enjeu de performance exigée est tel que l'homme ne peut y souscrire.

Des conséquences désastreuses sur le couple

En dehors de ce cas particulier, le trouble est toujours très mal vécu par les deux partenaires. Au début, la femme met la précipitation sur le compte de l'émotion, mais ensuite, la frustration s'installe et son désir peut même s'étioler au fil du temps. L'homme se sent incompétent dans l'art de faire jouir sa compagne, malheureux de la voir frustrée, car même les mieux attentionnées finissent par céder à la rancœur. Petit à petit, la connivence entre eux s'enfuit, un vrai drame dans le couple, la plupart du temps détruit par ce problème. Ajoutons que la montée de la jouissance de la femme fait souvent passer plus vite encore ce fameux seuil critique, renforçant l'idée que son partenaire ne se préoccupe pas d'elle et de son plaisir. Ces hommes finissent souvent par avoir également des troubles de l'érection, ou bien n'ont plus recours qu'à la masturbation, entretenant la rapidité réflexe de leur éjaculation. La boucle est bouclée… Leur femme les pousse parfois à consulter, mais ils ont honte d'étaler leur vie intime devant un inconnu, fût-il médecin et sexologue ; ils espèrent un miracle, et attendent que la situation évolue d'elle-même, ce qui est rarement le cas. Ceux qui ont remarqué que leur éjaculation était moins rapide lorsqu'ils avaient une deuxième éjaculation au cours d'un même rapport vont demander à faire l'amour plus souvent. Mais cette technique ne change pas le problème de fond et ce qui est facile à mettre en œuvre à trente ans le sera moins à cinquante. Sans compter que la femme, restée sur une frustration, n'a pas forcément envie de poursuivre les ébats. Résultat : les rapports deviennent de plus en plus rares, l'éjaculation de plus en plus rapide… Certaines femmes, persuadées que le problème est uniquement « psy », poussent leur compagnon à entreprendre une psychanalyse, mais si le problème n'est pas réglé au bout de deux ans, elles risquent de ne plus vouloir faire l'amour ou de le quitter pour un amant qui n'a pas ce trouble.

De nombreuses pistes qui marchent très bien

Pourtant, il existe de nombreuses pistes à explorer pour venir à bout d'une éjaculation précoce. La technique du *stop-and-go* nécessite la participation de la partenaire : cette dernière doit masturber son compagnon et s'arrêter à son signal dès que celui-ci perçoit l'imminence d'une éjaculation. Ensuite, lors des rapports, il doit se placer sous elle, de façon à être plus détendu, et de la même manière lui indiquer par un signe d'arrêter toute stimulation quand il sent l'éjaculation monter. Cette technique est dans un premier temps frustrante pour la femme, sauf si elle se déroule dans un climat de tendresse et de complicité, dans l'intérêt du couple. Quand ils y parviendront, ce sera leur victoire commune, une épreuve qu'ils auront surmontée avec succès et qui soudera sans aucun doute leur amour. Il est évident que cette technique ne peut trouver sa place qu'au sein d'une relation de confiance.

Tout homme qui sent son éjaculation approcher peut, également, par le biais de la respiration, freiner le mouvement avant qu'il n'ait franchi ce fameux seuil incontrôlable évoqué plus haut. Les méthodes de relaxation et d'hypnose éricksonnienne sont efficaces pour améliorer ce contrôle et le reflexe conditionné de rapidité s'en trouve petit à petit désamorcé. Certains médicaments obligent le corps à aller moins vite – c'est le cas de certains antidépresseurs ou antidouleurs, ayant comme effets secondaires de ralentir l'éjaculation : l'homme se sent alors moins débordé et retrouve un certain apaisement.

La couronne du gland est une zone particulièrement sensible chez bien des hommes qui, dès qu'elle est stimulée, déclenche l'éjaculation : le recours aux gels anesthésiants peut apporter encore une solution. Quand le produit est déposé en quantité infime sur le bord du gland, il n'anesthésie pas les sensations, ni la partenaire... Si sa femme, comme beaucoup d'autres, n'aime pas programmer les relations sexuelles, l'homme peut en mettre tous les jours, ce qui lui enlève l'anxiété d'avoir à y penser au cas où... Et puis toute vérité n'est pas bonne à dire : a-t-elle vraiment besoin de savoir qu'il prend un médicament ? Le plus souvent, elle est ravie qu'il ait décidé de s'attaquer au problème en consultant et, si elle voit des progrès, il y a peu de chances qu'elle cherche vraiment à en connaître tous les détails techniques. Elle doit simplement essayer d'aider son partenaire en ne lui mettant pas de pression supplémentaire.

L’approche psychocorporelle

La méthode sexocorporelle mise en place par le québécois Jean-Yves Desjardins offre également de très bons résultats. Sa technique ? Elle se déroule en plusieurs étapes. La première consiste à apprendre à respirer par le bas-ventre, c’est-à-dire à gonfler le ventre en inspirant et à le dégonfler en expirant, en accompagnant le geste, main posée sous le nombril et ce, plusieurs fois par jour, en voiture, devant la télévision… Attention, ces respirations doivent se faire par la bouche, et non par le nez. Ensuite, il s’agit de s’exercer à bouger uniquement le bassin, d’arrière en avant et d’avant en arrière, comme quand on fait l’amour. Une fois ce mouvement bien intégré, il faut l’associer à la respiration par le ventre : fesses en arrière et ventre gonflé, bascule du bassin vers l’avant et ventre dégonflé. Avec un peu de pratique, l’homme y arrive très vite. Il commencera d’abord à tester sa technique avec la masturbation, puis, lors du rapport, en position du missionnaire ou légèrement latérale dans un premier temps, afin d’éviter la contraction des fesses et en gardant les yeux ouverts pour ne pas se laisser submerger par ses sensations internes.

Malheureusement, les hommes préfèrent souvent avaler un médicament à l’effet rapide plutôt que de se soumettre à des entraînements forcément plus longs. L’idéal serait de commencer par le traitement médicamenteux, puis de réduire les doses en substituant les exercices de respiration ou l’approche sexocorporelle à la chimie. Les hommes soignés pour leur éjaculation précoce retrouvent une bonne estime de soi, progressent souvent dans leur travail et deviennent de très bons amants. Se souvenant des difficultés qu’ils ont eux-mêmes traversées, ils restent sensibles et compréhensifs. Ils ont envie de partager leur bonheur, savourent cette nouvelle possibilité de donner du temps au temps et l’on sait que, pour jouir, il faut savoir étirer la montée du désir et du plaisir. Alors, quel dommage de ne rien faire…

Il éjacule donc il jouit ?

Non, car la jouissance n'arrive pas exactement en même temps que l'éjaculation. D'ailleurs, les yogis parviennent à la contrôler pour retarder et augmenter leur plaisir. Ils dissocient les deux phénomènes, qui ne suivent pas le même chemin sur le plan physiologique. Lors des explorations physiologiques du mécanisme, on enregistre bien deux courbes différentes. Pourquoi alors cette croyance ? D'abord, parce que les deux sont tout de même assez proches dans le temps et que hommes et femmes les associent. Ensuite, beaucoup d'hommes ont la certitude d'abord, le fantasme ensuite, que c'est leur éjaculation qui va déclencher l'orgasme, que la force du jet va en faire l'intensité. Il faut savoir qu'il y a toujours un petit garçon dans la tête d'un homme : pour lui, la puissance de son éjaculation est le rayon laser de l'enfant qui joue avec son pistolet. Par un raccourci, il associe cette puissance de jet à la puissance tout court, persuadé qu'il existe une corrélation entre cette dernière et son érection. D'ailleurs, dès qu'un homme a une miction moins vaillante, il s'inquiète sur le plan sexuel. Pourtant, il ne le devrait pas : la femme ne sent pas l'éjaculation, mais sent en revanche sa détente ou sa crispation.

Cette idée reçue va encore dans le sens d'un plaisir masculin simple et uniforme. Or, toutes les relations sexuelles ne sont pas de même intensité. Il est commun de reconnaître aux femmes toute une palette dans l'intensité orgasmique, mais ce qui est vrai pour la femme l'est également pour l'homme, qui, même s'il éjacule, ne jouit pas toujours… Ajoutons enfin que certains hommes jouissent à bas bruit et la femme, manquant de repères, peut craindre que la relation l'ait laissé insatisfait. C'est souvent le cas de ceux qui ont passé du temps en collectivité et ont eu l'habitude d'avoir un orgasme silencieux par masturbation parce qu'il leur fallait être discrets : ils ont alors du mal à changer de registre, à émettre des sons, à bouger leur corps… S'entraîner à se mettre en miroir de l'excitation de sa partenaire peut permettre de retrouver petit à petit une certaine liberté d'expression qui la rassurera.

Il n'éjacule pas, il s'ennuie?

Quand l'homme n'a pas d'éjaculation, il est tellement penaud que la femme est obligée de s'en rendre compte. Certains hommes sont aussi dépités que s'ils n'avaient pas d'érection: ils se mettent en retrait et sont tellement obsédés qu'ils finissent effectivement par la perdre! Or, la plupart du temps, ce qui gêne leur partenaire, ce n'est pas l'absence d'éjaculation, mais l'absence de plaisir qu'elle imagine chez l'homme qui fait l'amour avec elle. Pourquoi l'homme a-t-il du mal à éjaculer? La raison peut être purement locale: il n'a pas la stimulation adéquate sur la couronne du gland ou le corps de la verge et, s'il a l'habitude de jouir avec la masturbation en effectuant la pression nécessaire, la pénétration le laisse plus indifférent, le serrement local étant insuffisant. La solution? Entrer et sortir juste le bout de la verge. S'il la pénètre et que sa partenaire le stimule en étant très sexuelle, son cerveau va se mettre en branle, augmentant alors son plaisir. Si l'homme est très à l'aise, manifeste son plaisir, il mettra à l'aise sa partenaire et elle ne se posera plus de question. Quand un homme arrive à ne plus être obsédé par son éjaculation, il peut avoir ce que l'on appelle un orgasme sec, qui a autant de valeur que l'orgasme avec éjaculation.

La tendresse peut-elle nuire au plaisir?

Alors que ce sont souvent elles qui la réclamaient, certaines femmes commencent à se plaindre de ce trop-plein de tendresse, laissant les hommes complètement déboussolés. Ils ont acheté une foule de livres sur le massage érotique et guettent les effets de leur savoir tout neuf: normalement, là, elle devrait avoir un orgasme… Ils s'isolent dans une attitude de spectateur: est-ce que la relation est en bonne voie, est-ce qu'elle ne s'ennuie pas? Quand un homme est trop concentré sur le plaisir de sa partenaire, cette attention démesurée ne va pas la satisfaire longtemps. En effet, faire l'amour nécessite un égoïsme partagé, ce qui ne signifie nullement ignorer l'autre, mais que chacun s'occupe de majorer son excitation par la pensée, sans pour autant se couper de la relation. Les hommes, en général plus habitués que les femmes à solliciter leurs fantasmes, ont moins de difficultés à s'installer dans leur film. Ils s'autorisent à penser ce qu'ils veulent, ce qui augmente leur excitation et celle de leur partenaire. Or, à vouloir jouer dans une cour différente, ils ne satisfont pas forcément les femmes. Bien sûr, il ne s'agit pas de bannir la tendresse de la relation amoureuse, mais, pour qu'elle soit à sa place, mieux vaut qu'elle la précède et la suive. Pendant l'action, une petite dose de rapport vif et dynamique ne nuit pas, loin de là, ne serait-ce que celle nécessaire à la pénétration.

Un sexe trop petit pour faire jouir ?

La taille du pénis reste La grande angoisse masculine, même si, la majorité des femmes l'affirment, les centimètres ne font rien à l'affaire. Dès qu'une partenaire s'ennuie, l'inquiétude rejaillit, car l'homme associe cette absence de jouissance au fait qu'elle ne le sentirait pas. Or, bien souvent, c'est parce qu'il n'est pas assez en érection ou parce qu'il est trop rapide que la femme n'a pas de plaisir. Ajoutons que le film porno n'est pas là pour combattre cette idée reçue, les hommes y étant tous dotés d'un sexe exceptionnel, recrutés d'ailleurs sur ce critère, et qu'ils font jouir les femmes à chaque fois. Rien ne vient donc rassurer l'homme sur cette question qui le taraude depuis qu'il est tout petit. Quel que soit son âge, il passe son temps à se comparer aux autres, phénomène qui a même donné le nom de « complexe du vestiaire », puisque, sous la douche, il a tout le loisir de s'adonner à cette vaste compétition. Il n'est donc pas étonnant que les spams les plus fréquents sur Internet portent sur le Viagra et des propositions pour agrandir le pénis. Pourquoi un tel désir de sexe démesuré ? En dehors des prouesses sexuelles, cette envie cache un autre mythe : le gros sexe serait associé au pouvoir… Pourtant, il paraît que Napoléon et Louis XIV avaient des organes de dimension tout à fait moyenne, une information qui devrait calmer les esprits. Encore un moyen pour garder son calme ? Se regarder nu dans une glace, le pénis apparaît alors bien plus grand que vu du dessus…

Faut-il varier les positions ?

Nombreux sont les couples persuadés qu'il faut varier les positions pour décupler le plaisir et qui multiplient les pratiques sexuelles. Mais sommes-nous obligés de faire le poirier pour bien faire l'amour ? Il est triste de croire que l'acte sexuel n'est valable qu'en accomplissant des prouesses techniques, alors que l'important n'est pas tant le changement de position que l'émotion qui circule dans la relation. Ainsi, une femme qui avait expérimenté bien des variantes a découvert qu'avec un amant qui lui racontait des histoires stimulantes, elle avait infiniment plus de plaisir. Tout ce qu'elle avait mis en scène lui a paru soudain plus pauvre que l'imaginaire qui, lui, est sans fin… Finalement, si le missionnaire est la position la plus utilisée, ce n'est pas parce que les couples n'ont pas d'imagination, mais parce qu'ils sont face à face, peuvent s'embrasser, se parler… Tout comme la position de la cuillère, en angle droit, leur permet de se caresser. La bonne voie ? Adopter celle qui convient le mieux, sans chercher à étendre à l'infini son répertoire, ce qui n'empêche pas d'essayer, de temps en temps, une variante…

Kama Sutra, école indienne, XVIIIe siècle.

Le point G existe-t-il vraiment ?

Vaste débat qui agite depuis des années chercheurs et médias... Récemment, une étude anglaise a été conduite sur des jumelles homozygotes, dotées donc du même patrimoine génétique, avec ce présupposé : si elles sont identiques, elles doivent avoir le même point G, ce qui ne se révéla pas être le cas au terme de l'étude. Les chercheurs en ont donc conclu que le point G n'existait pas, offrant un scoop de taille aux tabloïds ! Mais ce n'est pas parce qu'elles sont jumelles qu'elles vivent des expériences amoureuses et sexuelles identiques : chaque relation est différente, avec des partenaires également différents, dans un contexte émotionnel différent. Se mêlent à ces études des paramètres du « sexuellement correct », une partie des Anglaises étant persuadées que le point G n'intéresse que les hommes ! Or, ce n'est pas parce qu'une femme découvre son point G qu'elle est « plus » femme, ou plus dépendante du pénis pour avoir du plaisir, à l'inverse du clitoris, qui lui procure une jouissance sans partenaire. Il faut toujours tenter de débusquer quelle idéologie se cache derrière ces études, qu'elles soient pour ou contre. Ainsi, l'existence du point G, de ce côté de l'Atlantique[1] malmène l'idée qu'une femme ne peut avoir du plaisir que si elle est amoureuse, que le corps ne suit que si la tête est de la partie, comme l'a chanté Brassens en son temps, estimant que pour la femme, si l'homme « n'entend pas le cœur qui bat, le corps non plus ne bronche pas »... Le docteur Odile Buisson, dans son livre *Qui a peur du point G*[2], affirme l'avoir découvert en faisant des échographies du clitoris : il existe bel et bien une zone ultrasensible qui augmente de volume lors du rapport sexuel, attestant d'un plaisir plus intense. Cela dit, son repérage précis n'est pas obligatoire pour jouir, chaque femme ayant sa propre carte du tendre : plus sensible sur la zone clitoridienne, vaginale ou anale, ou les trois à la fois. Où se situe-t-il ? À trois, quatre centimètres, sur la partie antérieure du vagin, bien qu'il soit préférable de parler de zone plutôt que de point, car il n'est en aucun cas une sonnette sur laquelle il suffit d'appuyer

1. Andrea V. Burri, Lynn Cherkas, Timothy D. Spector, *Genetic and Environmental Influences on Self-Reported G-Spots In Women: A Twin Study*, Department of Twin Research and Genetic Epidemiology, King's College, Londres, 2010.
2. *Op.cit.*

pour atteindre le septième ciel. Existe-t-il un point G masculin? Il fait assurément couler moins d'encre, bien qu'il existe autour de la prostate une zone sensible au massage par toucher rectal. Pour le moment, force est de constater que la plupart des hommes n'en raffolent pas particulièrement en pratique.

La femme fontaine, le summum du plaisir féminin?

La femme fontaine est décrite depuis l'Antiquité. Même le médecin grec Hippocrate (460-377 av. J.-C.) en avait déduit que la fertilité d'un couple provenait du mélange des deux liquides, masculin et féminin! Que désigne ce joli mot, plus poétique que scientifique? Une femme qui émet un liquide abondant lors de la relation sexuelle, le plus souvent au moment de la jouissance, pouvant aller de quelques gouttes à l'équivalent d'un verre plein. Physiologiquement, le phénomène reste assez méconnu. Le liquide, qui jaillit par l'urètre, est probablement produit par les reins qui activent la filtration avant l'expulsion, le rendant totalement inodore et incolore. Cette émission est-elle la preuve d'une jouissance plus intense? Ce n'est pas certain, même si cette idée est largement véhiculée par les films pornographiques qui montrent très fréquemment des femmes fontaines, trouvant là un moyen visuel de faire ressentir aux spectateurs la jouissance féminine. L'affaire est plus complexe: en fait, les femmes qui en font l'expérience associent effectivement la fontaine à un orgasme intense, mais pas toutes. Par ailleurs, il n'existe pas de femme fontaine une fois pour toutes: certaines ne le sont qu'occasionnellement, lors de certains rapports, ou avec tel homme, d'autres ne connaissent ce phénomène qu'une fois dans leur vie, d'autres encore arrivent à le cultiver en sachant comment lâcher prise totalement. Potentiellement, toute femme peut devenir un jour femme fontaine, car il n'existe pas de particularité anatomique différenciant les unes des autres. Ce qui est sûr, c'est que l'attitude du partenaire y est pour beaucoup. Si l'homme est surpris au mauvais sens du terme, reprochant à sa partenaire de salir les draps ou, de façon plus inconsciente, de lui voler un peu la vedette avec ce qui s'apparente à une éjaculation, il est à peu près sûr que, à terme, la fontaine va se tarir. Si en revanche,

Adelchi-Riccardo Mantovani, *Venus Genetrix*, 1996.

il se montre ravi, persuadé qu'il est à l'origine de ce plaisir hautement démonstratif, la femme va pouvoir continuer à jouir en toute tranquillité. Malheureusement, cette tranquillité, les femmes elles-mêmes ne l'ont pas toujours et peuvent même très mal vivre ces débordements, ayant l'impression d'être « anormales », l'associant à une fuite urinaire, alors qu'il s'agit plutôt de la preuve d'un bon fonctionnement, d'une capacité de relâchement total accompagné d'un plaisir sexuel très intense.

Le phénomène a tendance à se raréfier dès qu'il y a un malaise dans la relation, car la femme, consciemment ou inconsciemment, se met à se retenir, ne ressentant parfois plus aucun plaisir. Peut-on s'entraîner à devenir une femme fontaine ? Dans la mesure où cette émission de liquide est liée au lâcher-prise total et à un repérage de ce qui fait monter l'orgasme, sans doute peut-il se cultiver, en sachant, nous l'avons déjà dit, qu'il est difficile à déclencher sur commande. Les femmes témoignent toujours d'un abandon notable qui ne se décrète pas, ni ne se prévoit, et reconnaissent d'ailleurs souvent qu'elles en sont les premières surprises.

La femme fontaine fascine et inquiète à la fois. Sa rareté en a fait une déesse dans l'Antiquité, un monstre à des moments plus puritains de notre histoire. Encensée par la pornographie, la femme fontaine est entourée d'un halo de mystère et, comme tout phénomène échappant à nos esprits cartésiens, elle ne manque pas de susciter encore aujourd'hui une certaine ambivalence. Est-ce la raison pour laquelle elles ne sont pas plus nombreuses ? Une manifestation si intense du plaisir féminin en effraie plus d'un... Dans notre civilisation, c'est l'homme qui est jaillissant, la femme gardant en elle les sécrétions émises lors du plaisir sexuel. Or, dès que la frontière entre le masculin et le féminin devient floue, le malaise s'installe. La femme fontaine ne doit pas être confondue avec le phénomène d'hyperlubrification qui se manifeste chez certaines femmes dès qu'elles sont excitées sexuellement et qui dépend sans doute de la vascularisation du vagin. Là encore, certains hommes peuvent s'en plaindre, ayant l'impression de se noyer un peu dans le corps de la femme, de moins bien sentir leur sexe dans cet océan de liquide. La solution pour les rassurer ? La même que pour les femmes fontaines : leur dire que c'est parce qu'ils leur font beaucoup d'effets, peu d'hommes résistent à cette explication !

Ça ne marche pas, c'est de sa faute!

Les fausses pistes

Au départ, il s'agit de se justifier, de se rassurer sur sa propre normalité: si l'on estime que c'est de la faute de l'autre, c'est donc à lui de changer, ce qui évite de se questionner personnellement. Mais si l'objectif est de sauver son couple, cette conduite mène bien souvent à l'échec. Croire que le problème vient uniquement du partenaire peut amener à essayer d'aller voir ailleurs pour s'assurer de son propre bon fonctionnement, mais, ce pas franchi, l'écart devient encore plus grand, mettant le partenaire hors jeu. En sexualité, mieux vaut ne pas chercher à changer l'autre, tant il est difficile déjà de se changer soi-même, mais de faire en sorte de trouver la meilleure façon d'avoir du plaisir ensemble. En sachant que plus le couple a un bon fonctionnement, plus il a le choix. Plus il prend une voie par évitement, plus il rencontre de problèmes…

C'est à elle de changer

Quand c'est lui qui rencontre un problème, son réflexe est souvent d'accuser sa partenaire de ne pas savoir y faire, de ne pas être assez tendre, assez sexy, une façon pour lui de sauver la face, même vis-à-vis de lui-même. Il va affirmer que, avec les autres, tout se passait bien mieux, comme s'il suffisait qu'elle change pour résoudre le problème… Or, bien souvent, une cause en cache une autre et ce n'est pas parce qu'il n'y a pas de jeux érotiques que l'homme ne fonctionne pas. Un exemple? En cas de panne d'érection, il peut se plaindre que sa partenaire ne veuille pas lui faire de fellation, mais il ignore qu'il peut y perdre cette érection fragile et, s'il est inquiet, sa verge vue à la loupe va fondre comme neige au soleil. De son côté, sa partenaire, pensant avoir fait ce qu'il fallait, peut lui en vouloir, alors que c'est une histoire entre lui et lui. L'écueil serait alors d'user tous les outils les uns après les autres: elle va finir par acheter des porte-jarretelles, en vain. Ou bien, ils vont se parler de leurs fantasmes, aller dans une boîte échangiste, faisant l'erreur de ne penser qu'à se stimuler, alors qu'ils devraient d'abord penser à se rassurer. Les hommes entendent très bien cette métaphore: il faut enlever le frein en premier, pour accélérer ensuite, car si le frein reste mis, la situation majore l'anxiété, qui lui fait perdre encore plus son érection.

Inversement, l'erreur serait que la femme ne tente que de le rassurer sur l'air de « ce n'est pas grave, repose-toi », adoptant une position maternelle peu stimulante pour la libido. L'idéal serait que le couple reste complice, instaure un espace de jeu sans essayer de savoir qui a tort ou raison : il se donnera alors toutes les chances pour que la situation évolue dans le bon sens.

C'est à lui de changer

Une femme peut être traumatisée par une absence de désir, mais elle est toujours moins atteinte dans sa féminité. Elle se sent moins remise en cause qu'un homme qui perd son érection. Quand le désir s'enfuit, sa première réaction est d'attendre qu'il revienne, n'ayant en général aucune envie de se forcer à faire l'amour. Souvent, elle va essayer de trouver des explications à ce manque d'entrain, et non des solutions pour y remédier. En bref, comme l'homme, la femme cherche en premier lieu un coupable pour se justifier. Et d'entonner la litanie des plaintes : il n'est pas assez attentionné, il ne m'aide jamais à la maison, il ne sait pas me caresser, il regarde les autres… liste qui devient une véritable montagne à franchir ! La première piste à suivre ? Que la femme mette son énergie à s'en sortir pour son bien-être à elle. En théorie, la plupart des hommes savent que les femmes ont besoin de caresses, mais lesquelles ? Il est nécessaire que chacune sache comment son corps fonctionne, par le biais de la masturbation si besoin, pour se mettre sur ses propres rails. La mémoire du corps permettra qu'elle fonctionne de mieux en mieux et elle pourra indiquer les bons gestes à son partenaire, une attitude beaucoup plus constructive que de soupirer qu'il est un piètre partenaire au lit… L'objectif ? Le transformer en bon amant pour elle, elle en sera la première bénéficiaire !

Trouver des solutions pour s'en sortir

Il faut savoir qu'il n'existe pas de qualités intrinsèques pour être bon amant, bonne amante. Avec les mêmes qualités, on peut se sentir très bon avec une personne, très nul avec une autre, car il s'agit de la rencontre de deux histoires : question d'ambiance, d'émotion... Toutefois, ce qui est certain, c'est que la réussite amène la confiance, donc la réussite, et l'échec, l'inquiétude, qui est à son tour source d'échec. La balle est toujours dans le camp de celui qui se plaint. Que veut-il ? Un alibi pour se dédouaner de sa responsabilité, ou une solution pour régler la situation ? Il ne faut jamais oublier que la relation sexuelle – même s'il s'agit d'une alchimie duelle – nous concerne au premier chef. Il s'agira ensuite de mettre en commun nos atouts respectifs. Le couple peut s'améliorer ensemble, si les partenaires décident d'aller tranquillement à la découverte l'un de l'autre, sans être persuadé de savoir ce qu'il faut à l'autre, ni que l'un des deux ne menace de s'en aller s'il n'obtient pas satisfaction. La pire des solutions est de chercher à tout prix à retrouver les qualités d'un partenaire précédent, car il n'existe pas un modèle unique de femme ou d'homme à sa pointure. Ou bien de figer la situation en enfermant son partenaire dans une case : même si éventuellement il voulait changer, il ne le pourrait plus. C'est lui refuser la possibilité d'une évolution favorable. Mais si chacun tient compte de l'autre, de ses aspirations pas toujours identiques aux siennes, toutes les chances sont réunies pour que la relation s'améliore très vite et que le couple en sorte gagnant et renforcé.

Un dernier conseil : attention à l'étalage des problèmes sexuels du couple à l'extérieur. Autant, auparavant, personne n'en parlait, autant, aujourd'hui, on assiste à de grands déballages qui font des ravages. Si cela fait parfois du bien de s'en ouvrir à un proche, il faut soigneusement choisir son interlocuteur pour ce genre de confidences et être sûr de sa discrétion. Si, par malheur, le partenaire se rend compte que le problème de couple a été évoqué en dehors de l'intimité, il pourrait avoir du mal à le pardonner.

D. H LAWRENCE
(Écrivain britannique)

La découverte de l'orgasme

Il la conduisit à travers le mur d'arbres piquants, malaisés à traverser, jusqu'à un endroit où il y avait un peu d'espace et un tas de buissons morts. Il en coucha un ou deux par terre, mit sa veste par dessus et l'obligea à s'étendre là, sous les buissons, comme une bête tandis qu'il attendait en chemise et en culotte,

Marina Hands et Jean-Louis Coulloc'h, dans *Lady Chatterley*, un fim de Pascale Ferran, 2006.

la regardant d'un regard hanté. Mais toujours prévoyant, il la fit s'étendre commodément, avec soin. Pourtant, il brisa la ceinture de ses dessous, car elle ne l'aidait pas, demeurait inerte.

Lui aussi avait dénudé le devant de son corps, et elle sentit le contact de sa peau nue quand il entre en elle. Pendant un moment, il demeura immobile en elle, turgide et palpitant. Alors, comme il commençait à bouger, dans l'orgasme soudain où elle s'abandonnait, de nouveaux frissons s'éveillèrent en elle, qui couraient en elle en frémissant. En frémissant, frémissant, frémissant comme le battement léger des douces flammes, douces comme des plumes, s'élevant parfois à des points éclatants, fines subtiles, et qui fondaient et la laissaient toute fondue au-dedans. C'était comme un son de cloche montant de vague en vague jusqu'à un point suprême. Elle restait là inconsciente des petits cris sauvages qu'elle poussait, poussa jusqu'à la fin. Mais la fin vint trop vite ; et elle ne pouvait plus, par ses propres forces, s'obliger elle-même à conclure. Cette fois, c'était différent, différent. Elle ne pouvait rien faire. Elle ne pouvait plus se durcir et s'accrocher à lui pour obtenir sa propre jouissance. Elle ne pouvait qu'attendre, attendre et gémir en pensée, tandis qu'elle le sentait se retirer, s'éloigner, se contracter, tout près du moment terrible où il glisserait hors d'elle pour toujours. Et son corps restait doucement ouvert se plaignant doucement, comme une anémone de mer sous le flux, le rappelant, lui demandant de revenir en elle et de la satisfaire. Elle s'attachait à lui, perdue dans une passion inconsciente, et il ne glissa pas tout à fait hors d'elle, et elle sentit le mâle bourgeon de chair frémir doucement en elle, et d'étranges rythmes monter en un étrange mouvement rythmique, s'étendre et se gonfler jusqu'à remplir tout le vide béant et alors recommença l'ineffable mouvement qui n'était pas vraiment un mouvement, mais de purs, de profonds tourbillons de sensations, qui tournoyaient et s'enfonçaient toujours plus avant à travers sa chair et sa conscience, jusqu'à ce qu'elle ne fût plus qu'un flot concentrique de sensations, étendue là, poussant des cris inarticulés, inconscients. Cette voix sortie des plus profondes ténèbres de la nuit : la vie !

D. H Lawrence, *L'Amant de Lady Chatterley*,
traduction de Roger-Cornaz, Le Livre de poche, 1963.

ROSEMONDE PUJOL
(Journaliste et essayiste)

L'art de caresser le clitoris

Plus de 90 % de femmes qui s'adonnent à la masturbation atteignent l'orgasme en quelques minutes. C'est dire si elles sont devenues expertes ! Elles avouent avec une réticence non feinte procéder à la lubrification de leur clitoris avec un peu de salive, mais détestent voir les hommes se livrer à ces pratiques préparatoires ! Pas romantique ? Certes, mais un clitoris tout sec, c'est la… souffrance et l'irritation garanties ! Puis, elles vont le débusquer doucement de sa cachette. Une fois qu'elles l'ont attrapé – des gestes trop brutaux ou tout simplement maladroits suffisent à le faire se rétracter –, elles peuvent le palper lentement et longuement entre leurs doigts. Entre l'index et le pouce, par exemple. Il s'agit de chercher et de trouver la bonne pression, ni trop faible, ni trop forte, le bon rythme, ni trop saccadé, ni trop lent. Pour que l'intensité monte crescendo, pas question d'appuyer directement sur ce délicat bouton au risque de l'écraser et de chasser le plaisir. D'autres aiment procéder à une espèce de massage en rond avec l'index et le majeur ou avec plusieurs doigts, massage délicatement répétitif. C'est là tout le but du jeu sexuel. Prendre le temps nécessaire, puis accélérer la cadence à leur convenance afin de délimiter un périmètre qui, au fur et à mesure, devient d'une extrême sensibilité. Le clitoris, gorgé de désir, s'échappe littéralement de sa tanière et se gonfle pour enfin se libérer, exulter. Exister !

Les hommes qui leur prodiguent ces mêmes caresses, avec à la clé le même résultat, ne franchissent pas la barre des 50 %.

Il est grand temps, sans donner de recettes, de redire que les moyens de provoquer l'orgasme sont illimités. C'est, si je puis dire, à la discrétion de chacun, de chacune. Le désir et l'inspiration une fois au rendez-vous, tout est permis, tout est possible. Pour connaître et affiner ses goûts en matière de caresses, il en va comme de l'art culinaire. Il faut inventer, innover, tester.

Rosemonde Pujol, *Un petit bout de bonheur : petit manuel de clitilogie*, Jean-Claude Gawsewitch, 2007.

ALINA REYES

(Écrivain)

Fantasme carnassier

La chaleur montait. C'était le grand sujet de conversation. Quand le boucher sortait du frigo, la cliente lui disait : « Il fait meilleur là-dedans que dehors, non ? » Et il acquiesçait en riant. Parfois, si la femme lui plaisait, qu'elle n'avait pas l'air farouche, il s'enhardissait jusqu'à proposer : « Vous voulez qu'on y aille voir ensemble ? » Et son ton était aussi léger que possible, afin de faire oublier un peu l'éclat de son œil.

Sa phrase n'était pas vraiment anodine. Il n'était pas rare de voir le patron et la bouchère sortir du frigo dix minutes après y être entrés, la mine défaite et les cheveux ébouriffés.

Un jour que le patron n'était pas là, le boucher et la bouchère s'étaient enfermés dans le frigo. Au bout d'un moment, j'avais eu envie d'ouvrir la porte.

Entre les rangées de carcasses suspendues de mouton et de veau, la bouchère s'était agrippée des deux mains à deux gros crochets de fer au dessus d'elle, comme on le fait dans le métro ou dans le bus pour garder l'équilibre. Su jupe était remontée et roulée autour de la taille, découvrant ses cuisses et son ventre blanc, avec la touffe noire, qui, de profil, faisait une tache en relief. Derrière elle se tenait le boucher, le pantalon au pied, le tablier également entortillé autour de la ceinture, la chair débordante. Ils s'arrêtèrent de forniquer dès qu'ils me virent, mais le boucher resta pris dans le derrière plantureux de la bouchère.

Chaque fois qu'une cliente faisait allusion à la fraîcheur du frigo, je revoyais la scène, la bouchère pendue comme une carcasse, et le boucher poussant dedans son excroissance, au milieu d'une forêt de viandes.

Alina Reyes, *Le Boucher*, Seuil, 1988.

ÉLISA BRUNE
(Écrivain et journaliste belge)
YVES FERROUL
(Médecin)

L'orgasme n'est pas un simple réflexe

L'orgasme est un réflexe mais il n'est pas qu'un réflexe. Comme d'autres fonctions automatiques (respiration, rythme cardiaque, déglutition, éternuement) il peut être provoqué ou contrôlé en partie.

La manière la plus efficace de provoquer un éternuement est sans doute de respirer du poivre, mais on peut aussi se placer dans un courant d'air ou regarder en direction du soleil par exemple. La manière la plus efficace de provoquer un orgasme est généralement de frictionner le bout du nerf pudental c'est-à-dire le gland chez les hommes et le clitoris chez la femme, mais il peut y en avoir d'autres. Les autres parties de la région génitale sont connectées au même ensemble de nerfs, de façon beaucoup plus légère mais réelle. Une stimulation vulvaire ou vaginale, voire urétrale ou anale, peut contribuer à atteindre la stimulation nécessaire et dans certains cas peut suffire à elle seule à déclencher l'orgasme. Les seins sont à mettre quasiment au même niveau, car ils sont reliés aux mêmes groupes de neurones que ceux qui reçoivent les informations sensorielles des parties génitales.

Plus étonnants sont les orgasmes occasionnellement provoqués par d'autres types de stimulations, comme les caresses et baisers dans le cou, les oreilles, la bouche, les épaules ou d'autres parties du corps dévolues à d'autres fonctions. Ils peuvent s'expliquer par contagion d'excitation au niveau des neurones qui reçoivent les informations sensorielles, dans un contexte de grande excitation psychologique. Il faut d'ailleurs constater que chez certains individus la suggestion de pensée seule peut suffire. Un peu comme si on décidait d'éternuer rien qu'en se concentrant sur la pensée du poivre dans les narines. Pas facile mais faisable. Pour prendre un réflexe plus courant encore, il est très facile de se mettre à saliver lorsque l'on se concentre sérieusement sur la pensée d'une rondelle de citron en train de frotter sur la langue. Aucun stimulus réel n'a été utilisé, et pourtant la salivation est réelle. Le réflexe orgasmique demande un seuil d'activation très élevé par rapport à une salivation ou un éternuement, mais il n'est pas différent de nature. Il se déclenche quand le seuil est atteint, quelle que soit la façon de l'atteindre, stimuli physiques, génitaux ou non génitaux, ou suggestion, ou toute combinaison possible de tout cela. Les fantasmes ou les films pornos font partie des stimuli non physiques qui mettent le circuit nerveux orgasmique en état de se déclencher rapidement.

Élisa Brune, Yves Ferroul, *Le Secret des femmes. Voyage au cœur du plaisir et de la jouissance*, Odile Jacob, 2010.

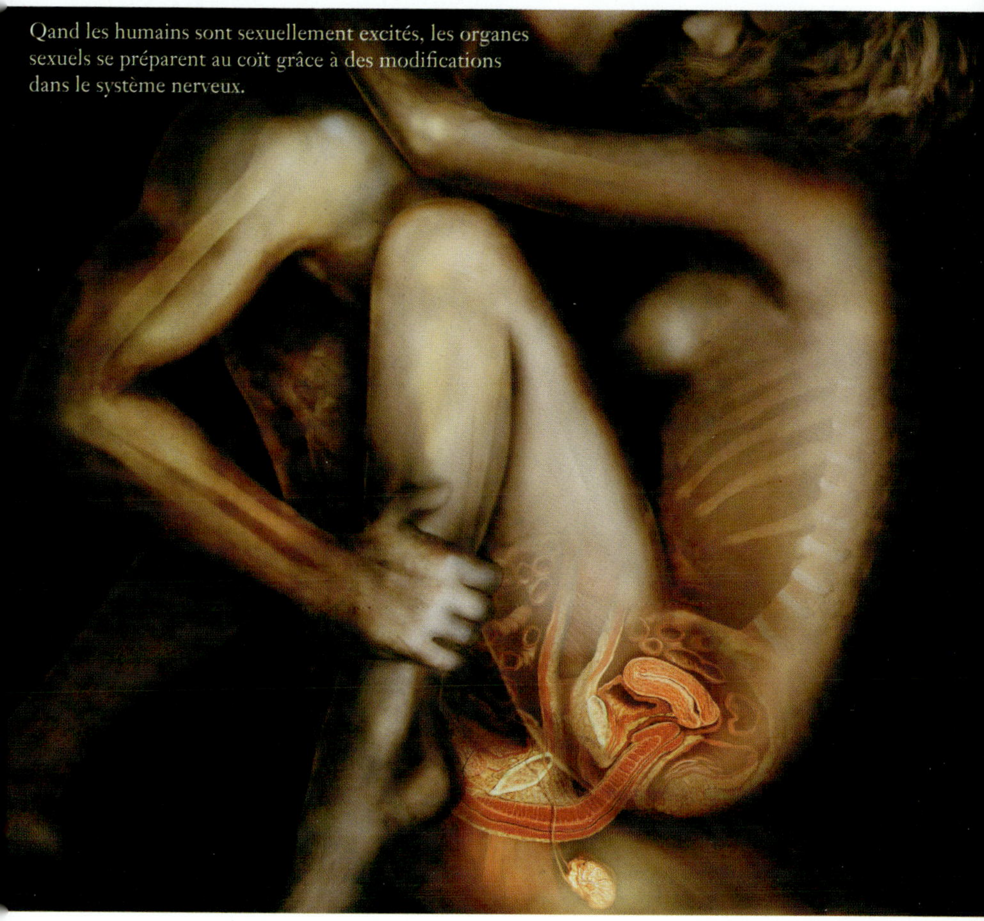

Qand les humains sont sexuellement excités, les organes sexuels se préparent au coït grâce à des modifications dans le système nerveux.

Le désir, **moteur** de la sexualité, est le plus susceptible de tomber en panne, notamment chez les **femmes**. Comment fonctionne-t-il ? Quel est son carburant ? Comment le relancer ?

3 LE DÉSIR

Avoir du désir avec un médicament, est-ce vraiment du désir ?

La relation sexuelle possible grâce à la chimie ? Les hommes et les femmes ne réagissent pas de la même manière vis-à-vis d'une aide médicamenteuse, même si au fond chacun aimerait idéalement pouvoir s'en passer. Mais pour quelles raisons faudrait-il se priver de ces précieuses béquilles ? Bien souvent, chez les hommes comme chez les femmes, le désir est entretenu par un bon fonctionnement physiologique.

Côté femme

Les femmes sont plus rétives à l'idée de stimuler leur désir de façon artificielle, plus gênées aussi à l'idée de programmer la relation sexuelle : gageons que si une pilule du désir était enfin commercialisée en France, il n'est pas sûr qu'elle aurait autant de succès que le Viagra qui, en redonnant une érection aux hommes, relance bien souvent leur désir. Beaucoup restent persuadées que le désir est essentiellement un problème de psyché, qui n'a pas besoin de médicament. N'est-ce pas tout simplement une histoire de laboratoires cherchant à se faire de l'argent sur le dos des femmes, craignent les plus méfiantes ? Pourtant, le problème du désir féminin est un symptôme vieux comme le monde, qui n'a pas attendu la chimie pour exister... D'ailleurs, ne peut-on pas retourner l'argument : pourquoi les hommes disposeraient-ils d'un arsenal pour pallier leur problème sexuel, et pas les femmes ? Prenons encore le traitement hormonal de substitution (THS), qui assure un réel confort aux femmes : sans vouloir ranimer la polémique, force est de constater que celles qui le prennent se rendent compte qu'il les aide à retrouver du désir, notamment en diminuant les soucis de sécheresse vaginale qui, en rendant les rapports moins confortables, finissent par altérer leur envie de faire l'amour. D'autres, sensibles aux nombreuses campagnes de mise en garde, craignent le risque de cancer, même s'il est faible, et préfèrent s'abstenir en privilégiant les traitements locaux, comme les gels lubrifiants, ou en ayant recours à l'homéopathie ou aux plantes. Aujourd'hui, le principe de précaution mis en place par l'Agence française de sécurité sanitaire des produits de santé recommande l'utilisation du THS de façon ponctuelle, à des doses les plus infimes. Il ne s'agit pas ici de prendre parti, mais de donner aux femmes la possibilité de choisir en toute connaissance du risque pris, au regard des avantages obtenus. Aujourd'hui, ce n'est plus le seul corps médical qui prend les décisions pour les patients, et chaque femme devrait disposer de toutes les informations nécessaires pour pouvoir ensuite gérer sa vie en adulte responsable. Peut-on juste émettre l'hypothèse que la frustration induite par l'arrêt de toute relation sexuelle peut, elle aussi, être cause de pathologies et gâcher la vie? Ajoutons encore que la femme sous traitement est beaucoup mieux surveillée, donc d'éventuels problèmes gynécologiques ou cancéreux seront dépistés plus tôt, ce qui est loin d'être négligeable en termes de prévention.

Côté homme

L'homme n'a pas les mêmes réticences à avoir recours à un traitement médical en cas de défaillance sur le plan sexuel: la plupart du temps, il veut une solution concrète et rapide à son souci. Il faut savoir qu'il est plus inquiet pour ses problèmes d'érection que de désir, mais son désir est entretenu par un rapport réussi et donc par une érection le permettant. Ce qui le préoccupe vraiment, c'est de savoir quand il pourra se passer d'un traitement, n'ayant de cesse que ce ne soit qu'une roue de secours. Plus il est jeune, plus c'est vrai. Toutefois, si le symptôme est entretenu par un problème personnel et qu'il essaie de s'en dispenser trop vite, chaque rapport va devenir un enjeu, un saut dans le vide sans filet, avec le projecteur braqué : est-ce que cela va marcher ou pas ? Et bien sûr, cela ne marche pas... Au fond, deux choix s'offrent à lui : soit il prend le médicament et pense que c'est le cachet qui a fait de l'effet, soit il n'en prend pas et se dira que c'est lui qui ne fonctionne pas, constat bien plus douloureux ! L'intérêt du médicament est d'agir comme un levier pour débloquer la situation, car il faut savoir que, lorsqu'un homme a un dysfonctionnement érectile, sa peur de l'échec peut suffire à paralyser son désir. Avec l'aide d'un traitement régulier, il va se rendre compte qu'il est plus réactif, reprendre confiance en lui, et la relation se passera de mieux en mieux. Cette vie sexuelle satisfaisante pourra même avoir des répercussions sur les autres domaines de sa vie, et il n'est pas rare même qu'il obtienne parfois un emploi ou une promotion grâce à cette assurance retrouvée.

Côté couple

Quand la femme voit que son partenaire n'a pas d'érection, elle pense qu'il n'a pas de désir pour elle, ce qui n'est bien sûr pas toujours le cas, ce qui met aussitôt le sien en berne : résultat, l'un et l'autre sont en miroir et s'inhibent mutuellement. Certaines encore considèrent que l'érection obtenue artificiellement ne les concerne pas, ce qui est bien dommage car l'homme qui arrive, grâce au médicament, à ne plus être obnubilé par son érection va se laisser porter par l'ambiance de complicité entre eux, et la relation n'en sera que plus satisfaisante pour les deux. Rappelons que grâce aux Viagra, Cialis et Levitra, les femmes ont souvent plus de plaisir car le rapport dure le temps nécessaire, l'homme s'occupe d'elle, il est ravi de la voir satisfaite, et c'est gagnant gagnant ! Il faudrait que le couple oublie cette béquille, supprime les pensées parasites qui le stressent, et profite de ce qu'elle lui apporte. Faut-il que l'homme informe sa partenaire qu'il prend un médicament ? Pas sûr... Les femmes sont nombreuses à le dire, elles n'ont pas forcément envie de le savoir, pour les raisons évoquées plus haut. Parfois, dans le couple, le silence est d'or...

Le Viagra, est-ce dangereux ?

À sa sortie, le risque cardiaque que pouvait entraîner le Viagra a fait couler beaucoup d'encre, et l'on est resté sur cette idée, sans que personne n'ait pensé à souligner qu'actuellement même des nourrissons prennent du Viagra, sous le nom de Revatio, en cas d'hypertension pulmonaire, et presque aux doses de l'adulte, preuve qu'il est très bien toléré. Le seul risque ? Il peut faire baisser la tension et, pris avec d'autres médicaments tels que les dérivés de nitrés prescrits pour certaines maladies cardiaques comme l'infarctus, il peut constituer un cocktail préjudiciable. Fort de ce cas précis, le Viagra a subi une campagne de dénigrement et endossé des accidents sans qu'il en soit toujours la cause. Il est même arrivé qu'un homme fasse une crise cardiaque, sans avoir entamé sa boîte de Viagra, mais le coupable était tout trouvé. Il y a là la même confusion qu'entre pilule et cancer.

Dans la majorité des cas, tous les hommes peuvent prendre du Viagra, même régulièrement, sans risque pour leur santé. Il faut savoir que si la tête agit sur le corps, l'inverse est également vrai : un corps qui fonctionne bien agit sur le mental, et fonctionne de mieux en mieux. Pourquoi s'en priver ? Toutefois, il va sans dire que le Viagra n'est pas un remède miracle : si l'homme n'a aucun désir pour sa compagne, s'il n'existe aucune connivence entre eux, le comprimé n'y fera rien !

La pilule enlève-t-elle le désir ?

Récemment, une série d'articles a expliqué que la pilule réduisait le désir par le biais de la baisse de l'hormone mâle sexuellement active, que la femme sécrète toute sa vie. Cette nouvelle a fait l'effet d'une bombe, apportant de l'eau au moulin de certaines femmes qui entretenaient déjà cette idée. Qu'en est-il exactement ? Pour le moment, autant de travaux défendent et contredisent cette hypothèse. Si l'on s'en tient à une simple observation, on sait depuis longtemps que deux femmes qui prennent exactement la même pilule n'en ressentent pas les mêmes effets : l'une peut se plaindre, l'autre pas, tant le désir n'est pas exclusivement une affaire d'hormones, le chef d'orchestre restant au final le cerveau... Il est humain, dès que l'on rencontre un souci de quelque nature que ce soit, d'y chercher une cause extérieure à soi, mais en cas de perte de désir, les bonnes questions à se poser sont : depuis quand ? depuis la pilule ? depuis le premier enfant ? depuis le changement de travail ? Peut-être que cette accusation cache une envie inconsciente d'enfant ? Certaines femmes ont besoin de fantasmer chaque rapport comme potentiellement reproducteur : en leur assurant qu'elles ne sont plus fécondes, la pilule leur coupe tout désir. Peut-être encore est-ce un véritable désir d'enfant ?

Bien sûr, tout ne se réduit pas à cette explication, mais pour en avoir le cœur net, on peut arrêter la pilule, prendre un autre contraceptif et observer si le désir revient.

Enceinte, le désir sexuel s'enfuit-il ?

Un grand bouleversement

Dès la réception des résultats du laboratoire, certaines femmes changent radicalement : maintenant qu'elles vont être mères, elles prennent tant leur rôle au sérieux qu'elles délaissent leur compagnon et leur vie de femme. De son côté, l'homme peut être pris de panique et revenir à des pratiques d'adolescent, sortant tous les soirs avec ses copains jusqu'à point d'heure, ou passant ses nuits devant l'ordinateur. Un irresponsable ? Un égoïste ? Non, la plupart du temps, c'est un homme qui a peur que sa femme ne le désire plus, que le bébé prenne toute la place et qui a besoin de temps pour intégrer ce nouveau statut. Un tel changement a des répercussions sur la sexualité : la femme ne veut plus faire l'amour, jugeant son compagnon immature, tourné vers son seul plaisir, renforçant chez lui la crainte d'être délaissé. Certaines futures mères s'abstiennent également de faire l'amour, notamment celles qui ont eu du mal à tomber enceintes, par peur que la relation sexuelle fasse du mal à leur bébé. Pourtant, il ne risque absolument rien, bien protégé par la poche des eaux, qui amortit les chocs et qui est elle-même protégée par le col. Et, comme si elle militait pour la sexualité pendant la grossesse, la nature prévoit une barrière supplémentaire en orientant le col vers l'arrière, ce qui allonge d'autant la protection pendant toute la durée de la grossesse.

Ajoutons encore que ces femmes ignorent que, en gardant leur bébé dans un écrin, elles le privent d'un moment de bonheur : en effet, une récente étude a montré que, lorsque ses parents font l'amour, ils déclenchent chez le fœtus une production d'endomorphines, véritable substance du bien-être !

La réticence à faire l'amour peut venir de l'image sacralisée de la mère, par la femme elle-même ou par son compagnon (inconsciemment, ils pensent l'un et l'autre qu'« une mère honnête n'a pas de plaisir », comme si la maternité était incompatible avec la sexualité), ou encore de la dépression qui peut frapper certaines femmes qui supportent mal la transformation de leur corps : se trouvant grosses, moches, non désirables, elles n'ont, du coup, plus de désir, car la séduction est un moteur de leur élan. Aujourd'hui, la dictature de la minceur touche même des femmes enceintes qui, au lieu de se réjouir de leur poitrine généreuse, s'en désolent pendant neuf mois. Mais attention, à trop répéter à son compagnon qu'elle ressemble à une baleine, la femme finit par le dissuader de la désirer. Que dire enfin des hommes qui font une vraie phobie de la femme enceinte ? Phénomène rare, mais qui arrive malheureusement : il faudra alors que ces futurs pères soient aidés psychologiquement.

Affiche pour *Meye Maier*, de Ouka Leele, 1984.

Une période enchantée

Pourtant, la période de grossesse est souvent une vraie lune de miel sur le plan sexuel pour le couple. En effet, il y a une inondation hormonale chez la femme qui favorise le désir, ainsi qu'une vascularisation des parties génitales qui rend le vagin plus lubrifié, plus sensible. Les petites et les grandes lèvres sont plus réactives, augmentant la sensation de plaisir, sans compter le bas-ventre qui appuie sur le vagin, phénomène qui l'accroît encore. Ce serait vraiment dommage de ne pas profiter de cette parenthèse enchantée… En cas de vrais blocages de part et d'autre, il est préférable que le couple se fasse aider : un sur six se sépare juste après la naissance de leur premier bébé, et les problèmes sexuels sont souvent évoqués, liés entre autres à la difficulté de rester amants tout en devenant parents. Ce gâchis pourrait sans doute être évité dans bien des cas.

Les hommes ont-ils plus de besoins sexuels que les femmes ?

Voilà une idée reçue partagée autant par les hommes que par les femmes. Dans l'enquête de Michel Bozon et Nathalie Bajos, sept personnes sur dix cautionnent le fait que, « par nature », les hommes auraient plus de besoins sexuels que les femmes. Et les femmes sont même plus nombreuses que leurs partenaires à le penser (73 % contre 59 %). Ce qui expliquerait que les hommes aillent voir des prostituées, qu'ils aient plus souvent envie de faire l'amour, comme s'ils étaient soumis à leurs hormones de façon plus intempestive que les femmes. La sexologue Ghislaine Paris s'inscrit totalement en faux contre cette idée : pour elle, c'est la différence de montée de l'excitation, plus rapide chez les hommes, qui est à l'origine de cette situation. Sur le terrain, que se passe-t-il ? Les femmes ont souvent du mal à percevoir ce qui a déclenché leur excitation, et n'aiment pas en général démonter le moteur de leur désir, alors qu'un homme connaît les images qui appuient sur son accélérateur. Il a la capacité de stimuler son imaginaire sans culpabilité et d'avoir recours à ses fantasmes beaucoup plus facilement que la femme, encore inhibée par deux mille ans de répression dans l'expression de son désir. Cette différence explique en grande partie qu'elle ait moins souvent envie de faire l'amour. Elle a également plus de difficultés à reconnaître son désir quand il se présente, pour des raisons encore une fois d'inhibition historique, voire sociétale, la femme désirante faisant encore peur à de nombreux hommes. Mais ce n'est pas parce que son désir est aléatoire, refoulé, refusé parfois, plus difficile à mobiliser, que la femme a moins de besoins sexuels que l'homme sur un plan strictement hormonal.

Le désir est-il toujours à l'origine des érections matinales ?

Une fois de plus, quand le couple s'entend bien, personne ne se pose de question… Mais s'il ne fait plus l'amour, ou que la femme pense que l'homme n'a plus de désir pour elle, elle va commencer à l'épier, notamment à guetter ses érections matinales, preuve incontestable à ses yeux qu'il fonctionne bien, mais qu'il ne veut pas les partager avec elle. Elle peut même le soupçonner de penser à une autre femme… Il s'approche d'elle pour faire l'amour ? Elle n'y voit qu'une envie de soulager une tension, un peu comme un besoin pressant d'uriner ! D'autant que certains spécialistes se plaisent à répéter que cette érection, due en partie à un pic de testostérone, l'est également par la pression exercée par la vessie quand elle est pleine. Où l'on voit que toute explication, même juste, n'est pas toujours bonne à entendre…

Mais alors, que dire de ces érections matinales ? Sont-elles en lien avec des rêves érotiques ? Les expériences menées montrent que c'est rarement le cas, car les rêves surviennent durant la phase de sommeil paradoxal, qui n'est pas celle du réveil.

Que montre l'érection matinale ? Que, sur le plan physiologique, l'homme fonctionne bien. Cependant, l'érection n'est ni un pur phénomène mécanique, ni totalement assimilable au seul désir, quel que soit le moment de la journée. Ainsi, bien des femmes sont persuadées qu'un homme sans érection ne les désire plus, voire ne les aime plus, ce qui est loin d'être vrai, tant l'érection est une mécanique fragile. Mais le couple a tendance à interpréter tout phénomène de façon négative, le conduisant souvent à de vrais blocages. Il est donc important de tenter de comprendre le phénomène du désir sexuel, même si cette notion reste floue et n'est pas facile à cerner.

Besoin, envie, désir

Le désir est composé de la pulsion, cet élan que tout humain ressent, et qui constitue un besoin à l'état brut, comparable à la faim ou à la soif. Cette pulsion est désignée sous le nom de « libido », qui se trouve être plus ou moins intense selon les individus. Quant au désir proprement dit, il se caractérise par le fait qu'il s'adresse à une personne, il est plus élaboré, moins pulsionnel et se manifeste par une envie de faire l'amour, ressentie à l'intérieur de soi, dans le bas-ventre, dans la tête, ou les deux à la fois. Ces trois composantes ne sont pas séparées les unes des autres, aussi une personne dotée d'une faible libido peut-elle être insatiable quand elle est très amoureuse. Malheureusement, certains hommes n'évoquent que leur besoin sexuel, croyant exprimer ainsi leur virilité: ils n'entendent pas le souhait de la femme d'avoir un homme désirant, non soumis à une simple pulsion. À la différence de l'animal, l'homme est un être civilisé, éduqué. Il a en général de l'esprit, lui permettant de revêtir sa pulsion des habits du désir, des mots et des gestes tendres qui vont séduire sa partenaire. La femme a besoin de se sentir désirée pour avoir du désir à son tour: si elle sent que n'importe quelle femme ferait l'affaire, elle refusera de faire l'amour. Ceux qui font l'impasse sur cette spécificité féminine s'exposent donc à des refus répétés, d'autant plus pénibles que leur pulsion ne trouvera pas l'apaisement voulu. Ils oublient que faire l'amour demande à aller sur le terrain de l'autre, en tenant compte de ses particularités, pour que les leurs soient entendues et acceptées à leur tour. Ils négligent encore la différence entre se nourrir par nécessité et préparer un bon repas où l'on salive devant ses fourneaux avant de passer à table: le plaisir ressenti dans l'un et l'autre cas n'a pas grand-chose à voir… Toutefois, si cet écart entre goinfre et fin gourmet ne concerne qu'eux-mêmes, ces hommes-là malmènent leur partenaire dès qu'il s'agit d'amour. Dans le cas où cette situation se répète, elle va laisser chez la femme des traces de déception, de frustration, pouvant conduire au refus de la sexualité.

Tex Avery, *Red Hot Ridding Hood*, 1943.

Cachez cette érection

Cela dit, certaines femmes ne voient dans l'érection que le côté animal et la vivent comme une agression, ce qui dénote une peur de la sexualité, et notamment de la pénétration. Elles ne peuvent l'accepter qu'avec une couche d'amour avec un grand A, de sentiment avec un grand S, qui cache un petit s du sexe.

Au lieu de profiter gaiement de l'érection de leur compagnon, elles la vivent comme une utilisation de leur corps. Savent-elles que trop de refus cassent l'érection, matinale ou non, conditionnant l'homme à ne plus en avoir? Paradoxalement, ces mêmes femmes s'étonnent, quand elles ont envie de faire l'amour, que leur partenaire n'arrive pas à répondre à leur désir...

Dans les cas les plus extrêmes, l'homme a intérêt à être sur ses gardes: dès qu'une lueur d'excitation traversera son regard, la femme se repliera comme si elle allait être violée. À ce stade de véritable aversion pour toute manifestation de désir sexuel, un travail personnel s'impose, la situation étant devenue pathologique.

L'absence d'érection signifie-t-elle l'absence de désir?

Pas toujours. Un homme peut avoir des difficultés d'érection, tout en désirant la femme qui se trouve à ses côtés. Essayons de bien comprendre le mécanisme de l'érection: elle nécessite un équilibre hormonal, vasculaire et neurologique, aussi bien sur le plan physiologique que psychique. Quand tout se passe bien, le système neurovégétatif, non commandé par la volonté, se met en situation de relaxation, agissant sur le système parasympathique. Le sang circule bien au niveau des artères de la verge, qui ressemble à une éponge: quand elle est souple, elle absorbe bien le sang et l'érection peut se produire. Que se passe-t-il chez l'homme anxieux? Il épie ses érections et le système neurovégétatif n'est pas détendu, l'éponge n'est plus souple, le sang n'arrive pas, l'érection non plus. Il suffirait bien sûr de détendre le système, mais nous n'avons pas encore découvert un bouton sur lequel appuyer pour stopper les angoisses! Même les yogis, qui arrivent à agir sur la durée de leur érection, n'ont pas de maîtrise sur leur système neurovégétatif. S'il n'a pas assez d'hormones – notamment la testostérone biodisponible –, le système peut être également perturbé, c'est pourquoi il est nécessaire de faire un doppler pour vérifier que le sang circule: en cas de résultat positif, il confirme une anomalie fonctionnelle et non anatomique. Toutes ces explications montrent bien que l'érection est fragile, alors que les femmes ont souvent l'impression qu'il s'agit d'une mécanique infaillible. Chez l'homme, tout se voit, il avance à découvert, là où sa compagne peut dissimuler plaisir et désir. La pression de la performance pèse de tout son poids sur ses épaules, il est censé faire jouir sa partenaire par tous les temps et en toutes circonstances, comme nous l'avons longuement évoqué dans les parties précédentes. Lorsqu'il se sent épié, le problème s'amplifie, il ne peut pas faire comme s'il était décontracté quand il ne l'est pas. De son côté, la femme se sent frustrée, dévalorisée, pensant à tort être la seule cause de son absence d'érection. D'où lui vient ce sentiment? En partie de l'expression commune « femme bandante ou pas » !

Faut-il se forcer à faire l'amour?

Tu veux ou tu veux pas?

Si l'on prend le couple comme un système unique, quand les deux roues vont ensemble dans le même sens, la machine avance, mais si l'une part à droite et l'autre à gauche, elle s'immobilise. Ce que le couple ignore souvent? Que des refus répétés ne concernent pas seulement celui qui dit non, ils pénalisent aussi le partenaire. Naturellement, il ne s'agit pas d'être toujours disponible, mais de prendre conscience des dégâts occasionnés quand l'un est sans cesse repoussé. Prenons le cas plus fréquent de l'homme qui finit par ne plus oser demander, ou demande mal, sûr que sa femme va encore dire non. Même si elle accepte, de guerre lasse, la relation contrainte se passera mal et le cercle vicieux reprendra: elle dira de plus en plus souvent non, il demandera de plus en plus maladroitement… jusqu'à finir par cesser toute approche. Le fossé se creusera entre eux et ils resteront des mois, voire des années sans se toucher. Il faut savoir qu'un homme sans cesse repoussé le vit comme un rejet de sa personne tout entière, même si la femme lui assure qu'elle l'aime toujours: pour lui, la relation sexuelle désirée par la femme est la plus belle preuve d'amour, même si les hommes peuvent séparer assez facilement sexe et sentiments. Comment sortir de cette impasse? La seule vraie question à se poser est: faire l'amour, est-ce totalement insupportable? Si c'est le cas, alors il ne faut pas le faire et tenter de comprendre ce que signifie un tel dégoût, avec l'aide d'un thérapeute si besoin. Il s'agit d'une envie un peu faible, mais le désir d'être dans les bras de l'autre est là ? Mieux vaut alors sortir de sa torpeur et se mettre à table, même sans beaucoup d'appétit : la plupart des femmes le constatent, il vient très souvent en mangeant. Si la femme essaie de se focaliser sur son plaisir, il y a de grandes chances qu'il survienne et lui donne envie de recommencer, enclenchant le cercle vertueux du désir. Attention, il n'est pas question de faire l'amour sous la contrainte, avec l'impression d'aller à l'abattoir : quand la femme cède uniquement sous prétexte qu'il faut bien le faire, cela se passe mal en général, renforçant son peu de désir de recommencer. De plus, elle va nourrir une vraie rancœur à l'égard de son compagnon, déclenchant des disputes à propos de tout et de rien. Certaines femmes encore finissent par dire oui, comme elles accorderaient un bonbon à un petit garçon. Ne prennent-elles pas le risque à terme de se mettre dans une position maternelle peu propice à la sexualité ? Ce qui est dommage, c'est qu'elles se privent d'une sexualité qui les concerne aussi...

Partir du corps, pour remonter vers la tête

Quand la situation est vraiment bloquée, l'approche psychocorporelle, associée à une thérapie de couple, donne souvent de bons résultats, à cette restriction près qu'elle concerne les couples assez à l'aise avec la parole. Certes, elle permet de retrouver les sensations corporelles, mais reste encore trop cérébrale, la perception mentale du corps ne suffisant pas toujours à le remettre en route. Il est souvent préférable de faire le trajet inverse, à savoir partir du corps pour remonter jusqu'à la tête, sans nier son existence, mais en la mettant entre parenthèses, en se disant que si le corps fonctionne, elle suivra... Pourquoi ne pas relancer la machine par le biais des médicaments ? Ils permettent d'oublier un temps le problème, le corps, lui, va se souvenir de la bonne expérience, amenant la tête à avoir envie de la renouveler ! Dans cette situation, il faut juste savoir se montrer patient et les couples qui sont dans « le tout ou rien » restent souvent dans le rien. C'est un peu comme une personne qui se met à remarcher après un accident : au début, elle a besoin de ses deux béquilles pour mobiliser les jambes, puis elle n'en prend plus qu'une, pour finir, au bout de quelques semaines, par s'en passer complètement.

Faut-il insister pour décider l'autre à faire l'amour ?

Il y a toute une nuance entre insister un peu et obliger... Dans un couple qui se connaît bien, qui vit ensemble depuis de nombreuses années, le désir de faire l'amour n'est pas toujours au diapason. Il existe tout un jeu d'approches que connaissent la plupart des couples et qui s'apparente à une sorte de valse-hésitation. L'un est fatigué, l'autre a des soucis au bureau et, contrairement à une idée courante, même si le refus vient habituellement de la femme, il est de plus en plus fréquent qu'elle se plaigne elle aussi du manque d'entrain de son compagnon. Le monde professionnel exige des rythmes de vie qui ne laissent pas beaucoup de place au laisser-aller et pénalisent souvent la sexualité, laquelle a besoin de temps pour s'épanouir. De nombreuses femmes, dont le désir est plus fragile, reconnaissent que leur compagnon a raison d'insister un peu, car, si elles n'écoutaient que leur fatigue, elles passeraient leur nuit à dormir... Une femme confiait récemment que c'était un peu comme aller à la piscine : avant, on n'en a pas très envie et après, on est ravi d'y être allé ! Quant aux rencontres plus ponctuelles, la question de l'insistance est également à l'ordre du jour. Nous vivons dans une époque qui souhaite encadrer la relation sexuelle à la façon d'un contrat d'assurance. Chaque étape devrait être marquée par le consentement des deux parties. Imaginons la scène : le couple s'embrasse sur le canapé. Si l'homme veut dégrafer le soutien-gorge de la femme, il doit s'arrêter et lui demander si elle est bien d'accord ; même démarche s'ils décident de rejoindre la chambre à coucher... C'est ignorer vraiment le fonctionnement de la relation humaine et sexuelle, qui relève toujours d'un jeu subtil. Attention, il ne s'agit pas de nier les situations de contraintes, mais de nuancer : il existe toute une palette de degrés entre l'insistance câline et le viol. Comme il existe encore de grandes variables dans la façon d'insister. Ainsi, il est plus sûr d'arriver à mobiliser sa partenaire en lui disant qu'elle a la peau douce, à faire craquer son partenaire en lui affirmant qu'on adore faire l'amour avec lui, plutôt que de brandir un « tu ne sais pas y faire ! ».

Faut-il vivre ses fantasmes ?

Les fantasmes sont indéniablement un sujet à la mode qui revient sans cesse dans les magazines : faut-il en avoir, faut-il les vivre ? Pourtant, il n'y a pas si longtemps encore, les femmes qui disaient ne pas en avoir en faisaient simplement le constat. Aujourd'hui, elles consultent, vaguement inquiètes : « Je vais bien, mais je n'ai pas de fantasmes, suis-je vraiment normale ? », comme s'ils étaient devenus une obligation... Mais au fait, à quoi servent-ils exactement ? À mettre le désir en route et à le soutenir. S'il est présent sans y avoir recours, pourquoi se compliquer la vie ? En revanche, si désir et plaisir sont absents, peut-être serait-il bon d'alimenter la production en amont, en lisant des livres, en regardant des films. Rien de bien compliqué, la plupart du temps les hommes comme les femmes moulinent des idées très banales, mais qui marchent pour eux presque à chaque fois : faire l'amour à plusieurs, sur la plage, dans un ascenseur, dans le train...

Certains couples tentent de pimenter leurs nuits en les mettant en pratique, ce qui n'est pas toujours une bonne idée : le fantasme doit rester un espace de jeu fictif, que l'on peut livrer à l'autre pour l'exciter ou s'exciter soi-même, sans passer pour autant à l'action. C'est un peu comme les enfants qui s'amusent à « on dirait que je serais une femme pirate et toi un brigand ». Si le couple est excité par l'idée de faire l'amour sur la muraille de Chine du fond de son lit douillet, pourquoi pas ? Cela ne regarde que lui...

En revanche, le passage à l'acte comporte des risques, notamment celui que le fantasme s'épuise et qu'il faille sans cesse augmenter les variantes, imaginer des scénarios de plus en plus complexes... Sans parler du décalage presque toujours présent entre les fantasmes de chaque partenaire, créant un fossé entre eux à la place de la complicité recherchée. L'idéal est en général de les garder pour soi, ce qui évite de prendre le risque de choquer son partenaire ou, si l'on se sent en confiance pour les partager, s'en tenir à un jeu de rôles. La frontière à ne pas franchir ? Soumettre son partenaire à ses propres fantasmes, le traiter comme un objet sexuel, bref, tomber dans la perversion. Si le couple se sent glisser sur cette pente, mieux vaut qu'il consulte avant de commettre des gestes irréparables pour la relation. Prenons l'homme qui a besoin d'être muselé, fouetté, ou a besoin de fouetter : il va avoir du mal à trouver une partenaire au long cours. Admettons que la pratique leur plaise à tous deux, le fantasme risque de devenir petit à petit une sorte de conditionnement, jusqu'au jour où l'un ou l'autre n'en aura plus envie. Que se passera-t-il alors ? Il est important d'être capable de faire l'amour même en l'absence de mises en scène, au risque de se trouver prisonnier, là où le couple se considérait comme très libéré.

Ajoutons enfin que l'activité fantasmatique peut également être source de créativité, non seulement dans le domaine de la sexualité, mais aussi dans le domaine poétique, littéraire, artistique. Il n'existe pas de confusion chez l'adulte entre fantasme et réalité, et quand c'est le cas, cela indique la présence d'une pathologie. Est-il alors bien nécessaire de créer volontairement cette confusion en passant à l'acte ?

Fantasmer, est-ce tromper l'autre ?

Une création imaginaire

Le fantasme est source de malentendu : création purement imaginaire, il est destiné à le rester, et, à ce titre, il a tous les droits, des scénarios les plus violents aux plus « fleur bleue », incluant la tromperie du partenaire... Les jeunes sont les plus nombreux à avoir cette idée, estimant qu'ils doivent être intègres, se donner corps et âme : avec l'âge, il semble que nous adoptions une certaine philosophie... Mais le fantasme n'a rien à voir avec une envie réelle dans la vraie vie. Prenons l'exemple de celui, banal, d'un inconnu qui se glisse dans le lit d'une femme pour lui faire l'amour, ou même la violer. Il ne s'agit en aucun cas d'un désir réel, mais une façon inconsciente de la femme de se dédouaner de la culpabilité liée à sa jouissance. Pourtant, quel que soit le fantasme, le principal n'est-il pas que la relation se passe bien, ici et maintenant, même si vous pensez à quelqu'un d'autre ? Préférez-vous faire l'amour avec un(e) partenaire qui pense à quelqu'un d'autre, ou qu'il(elle) fasse l'amour avec un(e) autre en pensant à vous ?

L'échangisme est à cet égard éclairant : les couples pensent jouer la transparence, avoir trouvé une façon de ne cacher ni leurs pensées ni leurs actions, le contraire étant assimilé à de la haute trahison. Mais n'avons-nous pas tous droit à un jardin secret, notamment en ce qui concerne nos fantasmes ? Comme l'explique Catherine Blanc, sexologue et psychanalyste, « ils sont le reflet de notre organisation psychique et préexistent à l'acte sexuel. C'est pourquoi, d'ailleurs, ils restent souvent les mêmes quel que soit le partenaire que nous tenons dans nos bras »[1].

Pourquoi cette impression de tromperie ?

Parce que j'estime que si je suis obligé de penser à quelqu'un d'autre, c'est que mon partenaire ne me suffit pas. C'est méconnaître le fantasme, qui se construit tout au long de la vie. Ces souvenirs épars, constitués de situations vues, entendues, ou déjà vécues, ont provoqué une émotion positive, réveillé l'in-

1. *Psychologie Magazine*, juillet-août 2010.

conscient et entraîné une excitation sexuelle. Leur immense avantage ? Nous pouvons les mobiliser à volonté, quand bon nous semble. Vaut-il mieux s'ennuyer sans penser à rien, ou penser à une situation excitante et partager cette excitation avec son partenaire qui en profite ? Il n'y a jamais de mal à convoquer l'imaginaire, cette caresse de l'esprit qui, alliée aux caresses corporelles, enrichit la relation sexuelle. À la différence des animaux, la force des humains est d'avoir une sexualité qui ne dépend pas uniquement des hormones et du seul souci de reproduire l'espèce. Nous ne connaissons pas de période de reproduction et pouvons modifier le réel grâce à notre imagination. Au nom de quelle morale s'en priver tant qu'elle ne fait de mal à personne ? Attention, à trop vouloir cadrer l'imaginaire, on risque de l'étouffer… Le paradoxe, c'est que les femmes, bien souvent portées à la rêverie, sont inhibées dès qu'il s'agit de scènes sexuelles. L'homme, lui, n'hésite pas à se refaire le film, avec force détails, tandis qu'elle parle d'ambiance et use de mots désincarnés. Mais la difficulté à user d'un vocabulaire précis ne l'aide pas à mobiliser son imaginaire. Certaines femmes s'aident en écrivant leurs fantasmes dans un carnet et le relisent pour se mettre en état d'excitation. Vous hésitez ? Notez-les comme des rêves, faites des arrêts sur image sur les scènes qui vous ont émoustillées au cinéma ou dans un livre. Vous vous rendrez compte que ce sont souvent les mêmes. Voilà un moyen simple et économique de construire de manière consciente des fantasmes et de mobiliser le désir ! Le bénéfice que vous y trouverez vous fera sans doute abandonner l'idée que fantasmer, c'est tromper. Il faut sortir de la dualité corps/esprit, avec une suprématie du second sur le premier, alors qu'aucun des deux n'est supérieur à l'autre. Nous aimons avec notre corps, tête comprise, et nous aimons encore plus fort quand les deux sont reliés.

CHANTAL BOURBIGOT

(Écrivain)

Rêver sa vie

Quelle que soit la situation que j'imagine, si je le mets à la place de ma solitude, si je lui trouve une place, c'est le bonheur. Je me sens prête à tous les chagrins pourvu que je sache ce que c'est que sourire dans ses bras. Depuis, je comprends le sens de ces mots : « J'aurai connu ça, à présent, je peux mourir. » Bien sûr, ce ne serait que des mots, puisqu'il ne serait pas question de mourir, mais de vivre fort entre ses mains, écrasée par son corps, les doigts dans ses cheveux.

Allais-je m'échouer toute douce sur la plage ? Allait-il me faire ces merveilleux baisers sur la bouche ? Il apparaît souvent dans mes rêves, pour essayer de me comprendre ou pour m'évaluer. Dans un rêve où je joue une soubrette du Moyen Âge, il est vêtu en hallebardier. C'est quoi cette lance qu'il tient à la main ?

Un camion rouge passe avenue de Clichy sous la pluie, il porte en lettres noires le nom de son sponsor et me donne l'impression d'un avion promenant sa banderole dans le ciel bleu de mon enfance.

Dans mes fantasmes, ce n'est jamais moi la vedette. Au mieux je regarde. Alors que dans mes rêves, je joue toujours le premier rôle. Les maudits rêves de ma vie d'avant m'éloignaient si fort de la réalité. J'y croyais, ça c'est sûr, je croyais qu'un jour ma vie serait une merveilleuse plage de soleil et d'ombrage. J'y voyais un homme aimant et un enfant, et à tous les deux, je donnais un amour immense, grand comme la mer, fort comme la mer.

J'ai toujours aimé rêver car ça me dispensait de vivre, d'ailleurs mes désirs se recouvraient de cendre dès que je les réalisais. Tout, sauf un homme réel que je retrouve le matin au réveil et qui part travailler. Tout sauf la vraie vie. Benoît est le premier homme dont j'ai accepté l'amour. De lui, je pensais pourtant : « Il m'aime et c'est peut être là son plus grand défaut. »

De quoi ai-je envie aujourd'hui ?

On dit partout que l'amour, c'est la vie. J'ai envie d'un homme amoureux qui soit plus fort que ma peur et crée en moi un raz-de-marée salvateur.

Pas à pas, je grimpe les marches vers la féminité, les dernières marches qui mènent à l'acceptation de soi. Et au bout de l'escalade, c'est moi qui serai l'actrice de mes fantasmes.

Chantal Bourbigot, *Petits arrangements avec le désir*, La Martinière, 2002.

Giardino, *Little Ego*, 1989.

WILLY PASINI
(professeur de psychiatrie et de psychologie médicale)

CLAUDE CRÉPAULT
(professeur et sexologue)

Fantasme volontaire, fantasme involontaire

Le fantasme érotique peut survenir spontanément à l'esprit; dans ce cas, l'image ou l'illusion visuelle intrapsychique s'élabore hors de la conscience pour lui apparaître ensuite une fois constituée. À l'inverse, le fantasme peut être provoqué volontairement et exiger ainsi un certain effort mental; le fantasme devient alors une sorte d'incantation magique à travers laquelle le sujet prend possession de la chose qu'il désire. Dans le rêve nocturne, le fantasme survient toujours involontairement, alors que dans la rêverie diurne, le sujet a davantage tendance à filtrer ses productions fantasmatiques et à ne laisser entrer dans le champ de sa conscience seulement celles qui ne menacent pas son équilibre émotionnel. En général, les fantasmes érotiques surgissent en dehors des activités sexuelles. Certaines personnes ont l'impression, même la quasi-certitude, que leurs fantasmes ont toujours un caractère spontané; assez souvent, il s'agit d'une manœuvre défensive, visant essentiellement à déculpabiliser le fantasme.

Fantasme primaire et secondaire

Certains fantasmes ont une très forte puissance érogénique et sont peu sujets à l'extinction. Une fois constitués, ils conservent au fil des années leur vigueur et s'imprègnent même de manière presque indélébile dans l'imaginaire. […] Ces fantasmes, que l'on peut qualifier de primaires, se forment dans des situations particulières: maintes fois, ils dérivent des premières excitations érotiques infantiles ou des codifications érotiques pubertaires les plus chargés d'affects et qui visent à combler des besoins pychoaffectifs fondamentaux. À ces fantasmes primaires se greffent habituellement des fantasmes secondaires ou conjoncturels qui ont une existence beaucoup plus brève et dont le contenu s'élabore à partir de stimulations quotidiennes. Ce sont des fantasmes éphémères, à extinction rapide. Lors d'une activité sexuelle, les fantasmes secondaires sont ordinairement les premiers à être utilisés pour alimenter l'excitation ; s'ils sont insuffisants, ils sont alors remplacés par des fantasmes primaires.

Willy Pasini, Claude Crépault, *L'Imaginaire en sexologie clinique*, PUF, 1987.

SYLVAIN MIMOUN

(Gynécologue, andrologue et psychosomaticien)

Quels sont vos fantasmes?

EXOTIQUE

- Être enfermée pour la nuit dans le temple de Pétra. Il est illuminé par des centaines de bougies qui font des ombres sur les murs. Au milieu un tapis très doux et des coussins pour faire l'amour.
- Un homme nu sous son kilt, en train de faire la cuisine pendant que je le regarde.
- La favorite dans un harem.

PROFESSIONNEL

- Le massage du kiné qui se finit en massage érotique.
- Sentir un homme coiffeur bander dans mon dos, pendant qu'il me lave les cheveux.
- Chez le dentiste, il lâche ses instruments, me caresse et me prend sans qu'on se déshabille.
- Chez le médecin, sur la table d'examen.
- Habillé en pompier, il me porte jusqu'à son lit et…
- Je séduis un jeune curé, beau bien sûr, genre beauté italienne. Je lui déboutonne un à un les boutons de sa soutane et provoque en lui un désir charnel.
- Je consulte un sexologue parce que je pense être frigide, il me montre que je suis loin de l'être…

LIEUX INSOLITES

- Dans les toilettes du resto.
- Dans une cabine d'essayage.
- En haut d'un escalier, cuisses écartées.
- Sur une photocopieuse.
- Dans une cabine de téléphone.
- Sur la machine à laver.

- Sur la moto.
- Dans un théâtre, avec des voisins inconnus.
- Dans l'ascenseur, à cause de l'exiguïté et la peur d'être surpris.
- Faire l'amour dans un train, en attendant le passage du contrôleur.
- Faire l'amour dans un train couchettes, les secousses, la peur d'être surpris excitent encore plus et donnent un orgasme délirant et en plus, on peut remettre ça !
- Faire l'amour devant une cheminée, sur une peau de bête.
- Dans un château hanté !
- Dans une soirée, un homme inconnu se glisse sous la table, me fait un cunnilingus pendant le repas.
- Dans un parking souterrain, un inconnu me prend en levrette sur le coffre de la voiture.
- Je suis dans un confessionnal, vêtue d'un costume de bonne sœur avec des sous vêtements sexy, ensuite, il y a des variantes, je touche, on me touche…
- Nous sommes dans une usine à bonbons qui sent la barbe à papa, mon partenaire est couvert de chocolat et je le lèche, puis il me fait l'amour alors que je suis couverte de chantilly.

L'INCONNU

- Être une pute prise sauvagement par n'importe qui.
- Je suis allongée dans un endroit sombre, j'ai les yeux bandés et je sens une bouche sur moi et…
- Je fais des fellations à des hommes cachés.
- Je fais l'amour avec un inconnu au détour d'une rue, et chacun repart de son côté sans échanger un mot.
- Le beau gosse du métro, miam !

REGARDÉE, SURPRISE…

- Je fais l'amour dans un parking et je sais que le gardien nous regarde sur son écran.
- Pendant les soldes, dans une cabine d'essayage d'un grand magasin. Les gens passent, cela nous excite, surtout ne pas se faire entendre mais jouir comme ce n'est pas permis !
- Faire l'amour dans un cinéma parmi les spectateurs.

- Dans une forêt, à la vue de tout le monde.
- Le fait du risque d'être surpris m'excite énormément.
- Nous sommes dans la voiture, pendant le lavage automatique, une musique romantique, personne ne s'en aperçoit…
- Un inconnu me prend dans un compartiment de nuit, pendant que les autres dorment.

PLUS HARD…

- Servir de cobaye dans un groupe d'apprentissage de la sexualité.
- Être prise en sandwich par deux mâles virils.
- Être une prostituée qui excite les hommes.
- Je me fais aborder dans une soirée par un vieux porc lubrique qui me prend comme un jouet. Je loue mes services dans une maison close alors que je suis une bonne bourgeoise bien mariée et bien mal baisée à la maison.

Benjamin Bechet,
My Beautiful Killer, 2004.

- Je me fais aborder par un vieux très pervers, je joue Belle de jour.
- À l'arrière d'une limousine avec chauffeur. Il s'arrête et fait monter des hommes qui vont me prendre sans ménagements.
- Je suis serveuse nue dans une maison de rendez-vous et je dois satisfaire tous leurs désirs.
- Violée, attachée, yeux bandés, battue…
- Je suis enlevée par des inconnus et obligée d'apprendre par la soumission toutes les pratiques qui doivent donner du plaisir à un ou des hommes.
- Être traitée comme une femme de petite vertu.
- Plus on est de fous, plus on…
- Un partenaire avec plusieurs paires de bras : Shiva !
- Pénétrée par deux hommes en même temps.
- Mon homme + une fille + moi mais ce n'est pas lui qui joue avec !
- Faire l'amour avec deux hommes, un qui me pénètre pendant que je fais une fellation à l'autre, ou un qui me lèche pendant que je fais une fellation à l'autre et double pénétration.

HOMOSEXUELS

- Mon mari m'offre en cadeau à une femme à qui je fais découvrir de nouveaux plaisirs charnels.
- Je vais dans un bar, j'accoste une jolie fille et on commence à faire l'amour en sachant que nos compagnons nous regardent, sans savoir exactement où ils sont.

AVEC…

- George Clooney.
- Brad Pitt.
- Robert Redford.
- Bruce Willis.

Sylvain Mimoun, *Ce que les femmes préfèrent*,
Albin Michel, 2008.

SERGE GAINSBOURG
(Chanteur)

Fragile comme un bas de soie…

LES DESSOUS CHICS
C'est ne rien dévoiler du tout
se dire que lorsqu'on est à bout
c'est tabou
les dessous chics
c'est une jarretelle qui claque
dans la tête comme une paire de claques
les dessous chics
ce sont des contrats résiliés
qui comme des bas résilles
ont filé
les dessous chics
c'est la pudeur des sentiments
maquillés outrageusement
rouge sang
les dessous chics
c'est se garder au fond de soi
fragile comme un bas de soie
les dessous chics
c'est des dentelles et des rubans
d'amertume sur un paravent
désolant
les dessous chics
ce serait comme un talon aiguille
qui transpercerait le cœur des filles

Serge Gainsbourg, *Les Dessous chics*.

Photographie
de Philippe Lesprit,
2000.

POST COÏTUM, AMOUR JOYEUX !

Désormais, le sexe n'est plus (aussi) tabou, chaque homme, chaque femme, peut aspirer à un épanouissement. Tout va-t-il pour le mieux pour autant ? Comme nous l'avons vu au long de l'ouvrage, le post coïtum est parfois triste car la sexualité ne se laisse pas saisir si facilement. Si elle est le règne des idées reçues, c'est parce que nous courons après des certitudes, des réassurances, tant elle nous bouscule au plus profond de nous-mêmes. Se laisser aller à la jouissance vient remuer nos strates les plus inconscientes, les plus effrayantes, parfois. D'ailleurs, il n'est pas si facile d'aborder le sujet avec des mots précis et ce n'est pas un hasard si nous préférons nous réfugier derrière l'humour. Ce trouble intrinsèque à la sexualité explique que la libération sexuelle n'ait pas suffi à régler tous les problèmes et, sommes-nous tentés d'ajouter, tant mieux ! C'est justement parce qu'elle réveille en nous des espaces inconnus qu'elle est fascinante, excitante, qu'elle titille notre curiosité. Chaque relation est l'occasion d'une nouvelle aventure, même avec un partenaire que nous connaissons depuis des années. Faut-il le répéter ? La sexualité n'a rien de naturel, elle nécessite un apprentissage. Non en laissant ouvert un manuel sur la table de chevet pour suivre le mode d'emploi, mais en s'interrogeant le plus sincèrement sur ses émotions, ses blocages, ses limites. Cet apprivoisement se poursuit toute notre vie, et personne ne peut un jour décréter : « Je n'ai plus rien à apprendre sur le sujet. » Faire l'amour nous réserve toujours des surprises, à l'instar de cette jeune femme, amante expérimentée, ayant vécu de multiples expériences, et qui avoue avoir trouvé le meilleur partenaire dans un homme qui lui racontait… des histoires ! Où l'on voit que la sexualité, loin d'être affaire de positions, est avant tout affaire d'émotions…

À chacun sa réponse

Si vous avez acheté ce livre, c'est que la sexualité vous intéresse, que vous désirez mieux comprendre votre fonctionnement, et celui de vos partenaires. Nous espérons que vous y avez trouvé des pistes pour progresser, loin de la pression de la performance qui nous égare souvent sur de mauvais chemins. Mais peut-être l'avez-vous ouvert parce que vous rencontrez des difficultés. Essayer de repérer ses blocages, ses répulsions quand elles gênent trop la vie sexuelle, constitue la première démarche essentielle. Parfois, il suffit juste d'une connaissance sur le fonctionnement physiologique pour lever les limites qui la rendaient frustrante et retrouver le bonheur sous la couette. Pourquoi s'en priver ? On pense aux éjaculateurs précoces qui souffrent des années durant, et leur partenaire également, avant de consulter, alors que leur problème pourrait être réglé en quelques semaines. Ou à ces femmes qui se croient frigides alors qu'elles méconnaissent seulement le fonctionnement de leur corps. Quel gâchis quand même… N'hésitez pas à demander un conseil personnalisé à un sexologue, sans vous en tenir à ce qui est écrit dans les magazines ou dans les livres. S'ils aident à soulever les bonnes questions, ils n'apportent pas forcément la réponse qui convient à chacun. La sexualité est le reflet de notre histoire intime, personnelle, ni les frères et sœurs, ni les jumeaux au patrimoine génétique identique n'ont la même.

Prendre la sexualité au sérieux, sans se prendre au sérieux!

Toutefois, si la sexualité nous bouscule, elle reste avant tout un jeu joyeux entre adultes consentants. Il faut la prendre au sérieux… sans se prendre au sérieux. Bien souvent, les problèmes surgissent quand nous la disséquons sans cesse avec notre partenaire. Laissons parler nos corps plus que notre esprit, gardons-lui cette part de mystère qui fait son charme.

En se parlant pendant l'amour des directions à prendre, le couple gêne le langage des sensations, peut-être par peur de se laisser entraîner trop loin… Le débriefing après l'amour fait lui aussi des ravages et sert plus souvent à pointer des coupables qu'à trouver des solutions. Si nous rencontrons des difficultés, à nous de les résoudre auprès d'un spécialiste, sans organiser à chaque fois un colloque.

À quoi ça sert de faire l'amour?

Au terme de ce livre, nous voudrions poser une ultime question: au fond, en dehors de faire des enfants, à quoi sert la sexualité? À la différence des fonctions comme l'alimentation, la respiration ou encore le sommeil, elle n'est pas vitale, les religieux qui font vœu de chasteté sont là pour en témoigner. Elle n'est pas non plus une obligation sociale : personne ne viendra vous pénaliser si vous êtes abstinent, ce qui ne sera pas le cas si vous ne payez pas vos impôts... Alors, qu'est ce qui nous pousse dans les bras les uns des autres ? Le plaisir et le bonheur que procure le fait de jouir ensemble. C'est indéniable, l'amour rend heureux. S'il fallait commencer par le plus basique, la sexualité satisfaisante fait tout simplement du bien à notre corps. Les expériences menées un peu partout dans le monde médical montrent qu'elle est un facteur d'équilibre et de longévité, au moins aussi important qu'une alimentation saine et une activité physique régulière ! Si le stress contribue à fragiliser l'organisme, une activité sexuelle régulière, elle, le solidifie. Selon les chercheurs de la *Rutgers University* du New Jersey, le sexe guérirait même du mal de tête, l'orgasme étant identique au bénéfice de deux aspirines. Comme quoi, nos grands-mères avaient tort d'évoquer la migraine pour se soustraire à l'amour...

Cela dit, la sexualité n'est pas uniquement une gymnastique à pratiquer pour garder la forme. Lorsque nous vivons en couple, elle est la piste royale pour souder la relation, créer une complicité : si le couple rit ensemble, il a des chances de faire l'amour, s'il fait l'amour, il a des chances de ne pas se disputer, donc de rire ensemble, donc de faire l'amour, entraîné joyeusement dans une spirale positive. La sexualité n'a pas son égal pour apaiser les tensions car les deux partenaires se déconnectent totalement des circuits d'évitement et de douleur qui correspondent aux soucis de la vie. Toutefois, pour que ces bénéfices soient au rendez-vous, il est important, nous l'avons répété tout au long de l'ouvrage, que chacun trouve sa propre harmonie, en allant tranquillement à la découverte de lui-même, de l'autre, en laissant les portes ouvertes à la sensorialité. Cet équilibre peut être atteint en faisant l'amour une fois par jour, une fois par semaine, une fois par mois, tant ce n'est jamais la quantité qui compte mais la qualité. Enfin, faire l'amour renforce la bonne estime de soi, en nous confortant dans notre identité sexuée, notre masculinité, notre féminité. Qu'il soit homme ou femme, tout individu qui fait l'amour se sent plus confiant, démultiplie les plaisirs de la vie : rester un être sexué, c'est garder sa lumière allumée à l'intérieur de soi…

INDEX

Des mêmes auteurs

- *Ce que les femmes préfèrent. Première enquête sur le désir sexuel féminin*, Albin Michel, 2009.

Du Dr Sylvain Mimoun

- *Être mieux avec son corps* (avec Isabelle Yhuel), Michel Lafon, 2012.
- *Sexe et sentiments après 40 ans* (avec Rica Étienne), Albin Michel, 2011.
- *Sexe et sentiments, version homme* (nouvelle édition), Albin Michel, 2009.
- *Sexe et sentiments, version femme* (nouvelle édition), Albin Michel, 2009.
- *Petit Larousse de la sexualité* (sous la dir. du Dr Sylvain Mimoun), Larousse, 2007.
- *Le Dysfonctionnement érectile* (avec Marc Zerbib), BP éditions, 2007.
- *Des maux pour le dire*, Flammarion, coll. « J'ai lu », 2003.
- *Ados, amour et sexualité, version garçon* (avec Rica Étienne), Albin Michel, 2001.
- *La Sexualité masculine* (avec Lucien Chaby), Flammarion, 2000.
- *L'Univers masculin* (avec Élisabeth Chaussin), Le Seuil, 1999.
- *Traité de gynécologie psychosomatique*, Flammarion, 1999.
- *La Consultation psychosomatique*, Les Empêcheurs de penser en rond, 1999.

De Bernadette Prades

- *Plus belle ma vie après 50 ans* (avec Claudine Badey Rodriguez), Albin Michel, 2001.
- *Osez vous faire respecter !* (avec Stéphane Clerget), 2010.
- *Réussir son nouveau couple* (avec Jacques Antoine Malarewicz), Hachette Pratique, 2009.
- *Faire l'amour pour éviter la guerre* (avec Ghislaine Paris), Albin Michel, 2009.
- *Apprendre à faire le vide* (avec Paul Ariès), Milan, 2009.
- *Tu te souviens de 68 ? Une histoire intime et affectueuse*, Albin Michel, 2008.
- *Les garçons (un peu) expliqués aux filles, les filles (un peu) expliquées aux garçons*, Albin Michel, 2007.
- *Frida Kahlo*, Maren Sell, 2007.
- *Simone de Beauvoir*, Maren Sell, 2006.
- *L'Économie solidaire* (avec Jacques Prades), Milan, 2005.
- *Devenir parent d'adolescent*, Milan, 1999.